ことばを紡ぐための哲学

中島隆博・石井剛 編著

東大駒場・現代思想講義

白水社

ことばを紡ぐための哲学

東大駒場・現代思想講義

装画・カット=佐貫絢郁　装幀=コバヤシタケシ　組版=鈴木さゆみ

目　　次

はじめに──知の地殻変動　中島隆博　　4

I　日常という場で　11

食べる・味わう　中島隆博　　12

話す・聞く　梶谷真司　　34

触れる　清水晶子　　58

座談会　来たるべきことばのために　前篇　76

II　システムに抗して　85

知る　原和之　　86

分ける　石原孝二　　108

待つ・耐える　星野太　　128

座談会　来たるべきことばのために　後篇　148

III　〈文の共同体〉へ　161

うたう　村松真理子　　162

書く・隠れる　石井剛　　188

あとがき　石井剛　　210

略歴　　214

はじめに——知の地殻変動

中島隆博

　知の地殻変動が起きている。

　2016年にニューヨーク・タイムズに、「哲学は多様化しないのならば、その実相を表す名を付けよ」("If Philosophy Won't Diversify, Let's Call It What It Really Is")[1]という記事が掲載されました。この記事の著者はジェイ・ガーフィールドとブライアン・ヴァン・ノーデンで、二人は分析哲学および西洋哲学史を研究したうえで、前者はインド・チベット仏教の哲学、後者は中国哲学の専門家となった哲学者です。その議論のポイントは、アメリカの大学での哲学科は西洋哲学しか提供していない西洋中心主義であるので、その事実を認めて、「哲学科」ではなく「欧米哲学科」と名称を変えるべきだ、というものでした。この記事について、日本哲学を京都大学で学んだブレット・デービスは、ここには、アメリカでの哲学研究を「地域研究」に制限するという皮肉があると指摘します。その上で、この記事の受容についてこう述べたのです。

　　この記事は驚くほど多くの反応を呼び起こした。賛成の意見も少なくなかったのだが、意外にも熱烈な非難の声も多数あがった。その批判的な反応において目立ったのは、頑迷固陋とした西洋独占的な哲学理解のみでなく、他の哲学的な伝統についての恐るべき無知さであった。たとえば、孔子には幾つかの面白い考えがあったのだろうが、彼以来の中国では解説や議論の伝統はなかった、というとんでもない断言をした人もいた。また、

あたかも西洋文化のみが文化の限界を超えようとし、普遍的な真理を目指してきた、という無知にもとづく傲慢（または傲慢にもとづく無知）を明らかにする偏見を、平気で公の場で発言する哲学博士たちが未だにいる、という英語圏哲学界の恥ずかしい事実が浮上したのである。これは決して英米分析哲学者たちに限られず、欧米における大陸哲学に携わる人々の間にも浸透している偏見なのである[2]。

ちなみに、2017 年には、ヴァン・ノーデンがガーフィールドの序文を付して『哲学を取り戻す――多文化的宣言』(*Taking Back Philosophy: A Multicultural Manifesto*) という本が出版されました[3]。デービスは「その本では、批判者たちに答えながら、哲学の諸伝統の間には壁ではなく架け橋を設けること、特にトランプらの時代においてのその重要さが力説されている[4]」と述べています。

こうした事態は、すでに文学や歴史学、文化人類学やフェミニズムの分野では生じていました。他者として表象されるがままになっていた人たちが、西洋中心主義的な視線の権利を問い直し、そうした視線を見返そうとしていたのです。ところが、哲学においてはこうした視線の権利への批判は大きく遅れました。なるほど、ジャック・デリダを旗頭とする、西洋のロゴス中心主義を批判した脱構築が大きなインパクトを与えていたことは確かです。しかし、最晩年のデリダが 2001 年 9 月に中国を訪問した時、「中国に哲学はない、あるのは思想だけだ」とあらためて言明したことが、どれだけの失望を中国の学者たちに与えたのかを忘れることはできません[5]。

しかし、デリダの中国滞在中に起きたアメリカ同時多発テロ事件（9.11）の後、時代の歯車は大きく回っていきます。中国の台頭が、単に経済的な領域だけではなく、学問の領域においても顕著になったからです。とりわけ「言説の権利」という問題は、今日では

最重要の課題となりました。すなわち、西洋の諸概念のヘゲモニーを問い直し、中国発の概念による挑戦を試みるというものです。たとえば、「天下」という概念が典型的です。前近代の東アジアで使われていたこの概念は、近代において「世界」という概念に取って代わられました。中国的な「天」や「天子」といった概念さらには華夷秩序が崩れ去り、より普遍的な「世界」という概念に覆われました。ところが、今日、再び「天下」が論じられるようになります。それは、西洋的な「世界」が前提する西洋中心主義への根本的な批判であり、普遍への別の仕方での関与を開こうとするものです。無論、その議論の中には、前近代的な「天下」の焼き直しにすぎないものもあり、中国中心主義に戻るだけだとの批判もあります。それでも、許紀霖の「新天下主義」のように[6]、中国中心主義への回帰を注意深く避けながら、新しい普遍の構築を志しているものもあるのです。このように確実に、知の地殻変動は起きているのです。

では、こうした知の地殻変動に対して、日本からどのような関与ができるのでしょうか。このような関心のもと、わたしたちは「グローバル化時代における現代思想――概念マップの再構築」（科学研究費基盤研究（A）、2012年度から2014年度）というプロジェクトを展開し、概念の再マッピングを通じて「新しい普遍」をどう提示するかを研究してきました。そのポイントを一言でいうならば、概念を名詞から解放し、動詞的なプロセスにあるものとして解釈し直す点にあります。たとえば「普遍」に対しても、universalityとしての普遍ではなくuniversalizingすなわち「普遍化する」というプロセスとして捉えてみるということです。この動詞的アプローチを取ると、「哲学」が「哲学する」に、「歴史」が「歴史する」に、「文学」が「文学する」に変容していきます。「中国に哲学があるのか」という問いが失効し、「中国においていかに哲学するのか」という問いが浮上するのです。

この動詞的アプローチは、同時に、自己と他者という名詞的な二項対立をも問い直します。最初に名詞的な主体があって行為がなされるというよりも、動詞的な行為が先にあり、そこから自己と他者のような主体が構成されると考えることができるようになるのです。したがって、このアプローチは、距離を取った対象たちを単純な仕方で比較するものではもはやありません。あるプロセスの中で、互いに変形しあい変容しあう事態を考えるものとなるのです。その意味で、これは常に関与的であり、翻訳的であり、越境的であるようなアプローチだと言ってよいでしょう。知の地殻変動はこうした事態への着目から生じているのです。

　その際に、日本からはどう関与しうるのでしょうか。一つには日本の在来の概念とりわけ動詞的な概念を鍛え直すことによってです。もう一つは、それと連動しているのですが、西洋語文脈と中国語文脈が重なり合った「複合語」的な混淆を生きることによってです。[7]西洋か中国かといった二項対立に陥ることなく、わたしたち人類の経験の複雑さをより丁寧に生きることによってなのです。

　以上のような観点から、ここに収められた論文は書かれています。もともとは2014年度冬学期に東京大学教養学部で開講されたEALAI（東アジアリベラルアーツイニシアティブ）テーマ講義で、学生とともに議論したものです。それらはすべて動詞的な概念をめぐっています。とはいえ必ずしも「やまとことば」に拘泥しているわけではありません。「やまとことば」が誘う固有性や本来性を出発点としているわけではないからです。そうではなく、わたしたちの生の現場にどうすればよりましな仕方で関与することができるのかを、動詞が開いてくれるダイナミズムを頼りに思考してみたのです。

　驚くことに、『知の技法』（小林康夫・船曳建夫編、東京大学出版会、1994年）が多くの読者を獲得してから、はや四半世紀がすぎました。「フランス現代思想」が牽引したその熱気は、国立大学法人化を含

む大学改革と学問のグローバル化の波間に消えてしまったかのようにみえます。しかし、それでも人間の学としての人文学の意義が消え失せたわけではありません。逆に、人間への問いはますます喫緊かつ重要なものとなっています。その際、Human Being よりも Human Becoming として、人間を考え直そうとする方向も出てきています。「存在」としての人間ではなく、「人間になる」という意味での人間ですね。もう一度、概念を動詞的に再構築し直さなければならないところに来ているのです。

　この作業は、繰り返しになりますが、関与的なものです。距離を取って分析すればこと足れりというものではないのです。そして、関与するのは著者だけではありません。読者もまた、読書を通じて関与するのです。思い出しておきましょう。著者はまずもって読者であったということを。読者として何かを受け取ってしまったがゆえに、そしてそれをさらに誰かに受け渡すために、著者は何かを書いているのです。では、いったい何を受け取り、何を書いているのだろうか。それは秘密です。秘密が秘密であるためには、読書という実践が不可欠なのです。検索によって秘密に触れることは原理上できません。なぜなら読書という実践なしには、秘密などどこにもないからです。

　もう一つ、関与的であることの効果について述べておきたいと思います。「それについて書くことが、そのことを変容する」ということです。たとえば天気予報はどうでしょうか。天気を予報し天気について書くことが天気を変容させることはありません。ところが、未来はどうでしょう。未来について書くことはしばしば未来それ自体を変えてしまいます。未来予想は予想することによって未来に影響を与えるために、なかなか当たることはありません。それと同様に、ある概念（動詞的な）に関与することは、その概念を変容させることに繋がります。読者のみなさんには、ぜひこの変容のプロセ

スを楽しんでいただきたいと思います。わたしたちの日常に根ざした概念が、新しい相貌をまとって動き出し、踊り出すプロセスを、ともに経験していただきたいのです。

註

(1) Jay L. Garfield and Bryan W. Van Norden, "If Philosophy Won't Diversify, Let's Call It What It Really Is," The Stone, The New York Times, May 11, 2016, http://www.nytimes.com/2016/05/11/opinion/if-philosophy-wont-diversify-lets-call-it-what-it-really-is.html?emc=eta1&_r=1.

(2) ブレット・デービス「世界哲学における日本哲学」、ヒューマニティーズ・センター＆UTCP共催「世界哲学としてのアジア思想」シンポジウム、2018年12月9日、東京大学東洋文化研究所での発表原稿より。

(3) Bryan W. Van Norden, *Taking Philosophy Back: A Multicultural Manifesto* (New York: Columbia University Press, 2017).

(4) ブレット・デービス「世界哲学における日本哲学」より。

(5) 中島隆博「デリダにおける中国／中国におけるデリダ」（池田喬・合田正人・志野好伸編『異境の現象学〈現象学の異境的展開〉の軌跡 2015-2017』明治大学〈現象学の異境的展開〉プロジェクト、2018年3月）を参照のこと。

(6) 許紀霖「新天下主義と中国の内外秩序」（許紀霖・劉擎主編『新天下主義』上海人民出版社、2015年）を参照のこと。

(7) 「複合語」の論理については、小林康夫・中島隆博『日本を解き放つ』（東京大学出版会、2019年）を参照のこと。

I　日常という場で

食べる・味わう

中島隆博

味覚を持つことこそが、スローフードの一つの条件であり、文化の融合をはかるために必要である。

ハンバーガーやポップコーン、フライドポテトの揚げ物と脱臭剤の匂いの充満した世界で、味覚はこれから必要とされる「新しいモラル」なのだ。

―――カルロ・ペトリーニ

　スローフードの提唱者カルロ・ペトリーニはイタリア出身である。高齢化、少子化という、今の日本と同じような状況を戦後イタリアは抱えており、地方とりわけ農村は疲弊していた。スローフードはそうした状況を救おうという社会運動であった。人々が農村に戻り、そこでお金が回っていくという仕組みを作らない限り、イタリアの農村再生はできない。

　では日本の場合には、どのようなことが可能なのだろうか。スローフードモデルを日本で実行すると半分は成功し、半分は失敗すると言われている。その地域の人たちが、自分たちの社会に対して熱意をもち、その上で伝統の再発見がうまくいけば、ビジネスモデルも確立していくが、それがうまくいかないと地方自治体の掛け声に終わってしまう。

　さて、スローフード運動はこのような社会運動であると同時に、新しい哲学運動でもあった。冒頭に掲げた言葉に見られるように、

ペトリーニは味覚の重要性を強調し、それが「新しいモラル」であるとまで述べている。これはどういうことなのだろうか。

そもそも「味わう」とは不思議な行為である。一方でそれはきわめて特殊な個別的な行為であって、この味覚はこのわたししか経験できないものである。ところが他方で、「美味しい」という判断は共有できることがそれなりにあるし、判断が違ったとしても、判断が違うということは共有できる。

このことを利用したのがイマニュエル・カントであった。カントの主著は、『純粋理性批判』『実践理性判断』『判断力批判』の三批判として知られているが、その第三批判の『判断力批判』において、カントは「趣味判断」を重要なものとして位置づけた。「味わう」は個人で行なうものだが、他の人にも共有されうる、「主観的普遍性」の基礎だと考えたからである。それによって、『純粋理性批判』と『実践理性判断』の間の深淵、すなわち自然と必然(道徳)の間に橋を架けることができるのではないか。それにカントが最終的に成功したとは言えないにしても、「味わう」ことや「趣味」は、その後重要な哲学的概念となったのである。

では、現代の日本社会において「味わう」ことに基づいたモラルをどう考えることができるのだろうか。そのためにも、日本や東アジアの伝統的な文脈において、「食べる」や「味わう」がどのように論じられてきたかを見ておきたい。

1　肉を食らう者たち

日蓮は建治四(1278)年に次のように述べた。

> それにしても、今の世の状態は悲惨です。日本国は数年間飢饉が続いて、衣食がなくなり、家畜を食いつくした後には、とう

とう人肉を食う者まで出て、あるいは死人、あるいは幼児、あるいは病人たちの肉を切り裂いて、魚や鹿の肉に混ぜて売ったので、みんな、知らないうちに人肉を買って食っています。日本は、思いもよらないような大悪鬼の国となってしまったのです。[(2)]　　　　　　　　　　　　　　　　　　（「松野殿御返事」）

蒙古襲来として記録される文永の役が1274年にあり、自らの予言が当たったと思い自信を深めた日蓮による、飢饉への批判である。この引用において重要なのは、人肉を食べる人まで出てきていたという点だけではない。それに加えて、鎌倉時代に「肉食」をしていたという点に注目したい。これは原田信男の指摘によるもので、次のように論じられている。

　一般に、中世人の精神構造を大きく規定したのは、仏教と神道であるが、この両者が強く結びついて、社会の基本的な価値観が形成された。このため仏教による殺生の罪と、神道における食肉の穢れとが、肉食の否定に現実的な効力を発揮したのだ、といえよう。
　これをうけて、もう一つの有力な精神的支柱であった儒教も、平安期に肉食を忌避する側に回った。儒教を基礎とした唯一の国家儀礼である釈奠は、孔子を祀る儀式であるが、儒教には肉に対する禁忌がなく、本来この祭りには牛・羊・豚の三つの犠牲を供すことを原則とした。しかし日本では、食用家畜の伝統が根づかなかったため、『延喜式』の段階では、代わりに大鹿・小鹿・豕を用いていた。
　ところが後には、それすらも否定され、『百錬抄』には、大治二（1127）年の記事として、殺生禁断のため釈奠には肉類を供えない、とある。また『古今著聞集』でも、昔、釈奠には猪

や鹿を供えたが、日本では神仏のしきたりにしたがって、穢れのある肉を用いるのをやめた、としている。こうして一二世紀頃には、肉食を穢れた罪の深い行為とみなすようになっており、建前としては肉食は否定されるべきもの、という通念が社会的に形成されていたのである。[3]

（原田信男『日本人はなにを食べてきたか』）

　ここに示されているように、通常、日本は肉食の国ではないと考えられてきた。明治以前の日本では、魚は食べており、兎や鳥も食べていたであろうが、四足の大型獣（牛や豚）を好んで食べたということはなかったとされてきたのである。この背景には、仏教の殺生禁断に反するという考えがあったからでもあるだろうし、「穢れ」を清めることを主としていた神道においても、「死」と「動物」は穢れであると考えられていたとすると、仏教的、神道的に肉食が忌避されていたことになる。

　ただそれは、原田が述べるように、中世のある時期に、殺生禁断・肉食禁忌が社会通念として定着していったということであって、それ以前から肉食は相当程度、日本社会に流通していた。本音と建前が肉食に関しては分離していたのである。

　それに対して、中国の儒教儀礼では大型獣を供えていた。ところが、日本はそれをそのまま受け入れることはなかった。儒教が日本において広く社会に広がったのは、18世紀末からだと考えられている。それ以前に広がらなかった理由にはいくつかあるだろうが、一つには、儒教儀礼に対する距離感もあったのだろう。その中で、大型獣を犠牲に供えることへの忌避は重要な要素であった。ちなみに、近代から現代にかけて湯島聖堂の釈奠（孔子祭）では、供物は魚であった。

2 悪人について

　鎌倉時代に、親鸞が悪人正機説を唱えたことはよく知られている。「善人なをもて往生をとぐ、いはんや悪人をや」(『歎異抄』第三条)。とはいえ、『歎異抄』は、浄土真宗の中ではずっと読むことを禁じられてきた周縁的なテキストであって、それに光が当てられ、より中心化されて議論されるようになったのは近代になってからであった。近角常観や清沢満之といった、浄土真宗の宗教化運動、すなわち近代的なキリスト教に匹敵する宗教に再構築する運動において、見いだされたのである。したがって、悪人正機説での悪人とは、道徳的な悪をなす者となる。

　ところが、『歎異抄』が考えていた悪人とは、動物を捕まえて生業としている人＝殺生する人のことである。『歎異抄』第一三条では具体的に、「海や河で網をひき、釣をして世を渡るものも、野山に獣を狩り、鳥をとって命をつなぐ連中も、商売をし、田畠をつくって世を過ごす人も、みな同じことである〔前世の因果に従っている〕」として、悪人の例があげられている。再び原田の興味深い議論を見てみよう。

　　この「悪人」をめぐっては、さまざまな議論があり、字面からは、たんに道徳的な意味で「善人」に対する存在と受け取られがちであるが、歴史学的にみればもう少し複雑な意味がある。米を"聖"とし肉を"穢れ"とする社会の価値観からすれば、肉を得るために不可欠な殺生という行為は"悪業"と認識されていた。ここでいう「悪人」とは、そうした仕事に従事する猟師や河原者などの賤民を指す、と考えるべきだろう。同じく『歎異抄』では、「海や川で綱を引き、釣りをして世を渡る人も、野山で鹿や猪を狩り鳥を取って生活する人」でも"悪"

が往生の障害になることはない、と強調している[4]。
　　　　　　　　　　　（原田信男『日本人はなにを食べてきたか』）

　そうであれば、社会学的な言い方をすれば、親鸞を中心とした浄土真宗は、このような社会から排除されていた「悪人」たちを取り込もうとした運動であったとも言いうる。
　末木文美士も同様の議論を展開している。

> 『歎異抄』の第三章で言われている悪人は、基本的には煩悩熾盛の衆生であって、しかも賢善精進の相を現す善人とは違っているのだ、煩悩のありのままの姿が悪人であると言っています。第三章と第一三章とは密接に関わりますが、第一三章ではアングリマーラ（央掘摩羅）の千人殺しの話などを引いて、そこで考えられる悪人というのは、殺生という問題がいちばん大きく出ています。例えば魚を捕る漁師、鳥や獣を捕る猟師、田畠を耕す者とか、要するに庶民の生活というのは悪をなさずには暮らしていけないという問題が取り上げられています。もっとも武士のことが取り上げられていないのは、当時の教団の構成を考える時に興味深いところがあります。
> 　ところが、この『歎異抄』で考えられている悪は、親鸞がその著作で根本的に考えている悪とは少し違うのです。親鸞に限らず、仏法から見たらいちばんの悪は何かというと、五逆謗法、特に謗法です[5]。
> 　　　　　　　　　　　　　　（末木文美士『浄土思想論』）

殺生を行なわざるをえない庶民をどう救済するのか。これが『歎異抄』の考える悪人の問題である。そして、教団の構成として、武士ではなく、庶民を中心としたことがその背景にあるのではないか、と述べているのである。

その上で末木は、それは親鸞の考えとは異なるのではないかという問題提起をしている。なぜなら、親鸞は「謗法」すなわち仏法を誹謗するという悪について考えていたからだというわけである（したがって、道徳的な悪の問題でもない）。たしかに、親鸞は「本願ぼこり」（阿弥陀仏の本願を頼んで、悪人が救われるなら積極的に悪事をなそうと考えること）に対して苦々しく思っていたので、いわゆる悪人正機説の枠組みでそれを理解するのは難しい。それよりも、親鸞と『歎異抄』を区別して、後者の悪人は、殺生を行なう庶民として考えるほうが、より穏当な理解であろう。

　殺生戒は、「食べる」ことにつきまとう根源的な暴力性を問題にするものだ。『歎異抄』は、その暴力性を救済しうるのは阿弥陀仏だと考え、他力を強調した。ところが、道元はまた別のアプローチを「食べる」ことに対して行なったのである。

3　食べることが仏道の修行である

　永平寺で一泊二日の参禅の機会をいただいたことがある。座禅はもちろん重要な経験であったが、それと並んで感心させられたのが、「食べることが仏道の修行である」という教えであった。料理の仕方、料理の食べ方、食器の持ち方や片付け方など、儀礼が事細かに定められている。近代の宗教的言説においては、内面と結びついた祈りが強調される一方で、身体に結びついた儀礼は周縁化されていったのだが、永平寺での「食べることが仏道の修行である」という経験は、後者の儀礼の意味を再び考えさせてくれるものであった。

　とはいえ、なぜ永平寺ではそれほどまでに「食べる」ことをめぐる儀礼が重んじられるのだろうか。次の道元の言葉を見てみよう。

　　以上のことをもって、法は食であり食は法であるという。この

食と一体である法こそは仏陀と呼ばれた方々が自由に用いたも
　のであり、この法と一体である食こそは、聞法の喜びや坐禅の
　悦びを十分に備えているものである。(6)　　　　（「赴粥飯法」）

　「法は食であり食は法である」。仏法の根本は食なのだ。なぜ禅
は食べることにこれほどまで注意を払うのか。一つ念頭に置いてお
きたいのは、それまでの仏教とは異なり、禅は托鉢もするが、自分
たちで耕し生産もするということだ。これは一つの革命である。俗
世を超出するはずの仏教が、世俗的な行為そのものを仏道の修行に
転化したからだ。禅においては、したがって、掃除することや座る
ことなどの日常の起居進退が仏教的価値を有したものと考えられた。
　そう考えてくれば、もはや意外ではないと思われるが、道元は、
僧の集団の規範である『清規』を特に重視していた。そして、この
規範の中心に「食べる」ことを置き、食べることをいかに規範化す
るかに注力したのである。

　　ですから典座とは、仏道〔そのものとしての食事〕を仏道に供養
　する職であり、〔食事を供養する朝昼の二時とは〕仏心〔そのものと
　しての食事〕を仏心に供養する時間です(7)、
　　　　　　　　　　　　　　　　　　（「日本国越前永平寺知事清規」）

　　米や野菜の名を口にする時などにも、また尊敬の念をもって申
　し上げるものです。安易な言い方ではいけないし、粗暴な言い
　方をしてはなりません。ぞんざいな言葉・汚い言葉・ふざけた
　言葉で、米や野菜〔等の材料〕、ごはんや煮物〔等の火を通した料
　理〕などを誘ってはなりません。(8)　　　　　　　　　（同）

「典座」というのは食事を供する役職で、もともとは低く見られて

いたが、道元はそれを高い地位に引き上げた。食べることが仏道の修行そのものであるという確信からであった。別の言い方をすれば、「食べる」という、暴力性をはらみながらも、人間にとってはきわめて自然な欲望の只中に、宗教性の次元を見いだそうとしたのである。

4 欲望の肯定と判断力に基づくモラル

考えてみれば、仏教を含む諸宗教において、「食べる」ことには多くの禁忌（タブー）が設定されており、「食べる」ことの制限に向かうことが多い。ところが、道元の議論は、肉食は肯定しないまでも、儀礼による「食べる」ことの規範化に向かう点で、ユニークなものである。これは、禅が中国においてあらたに展開された新しい形の仏教であることに由来するものであるからだろう。つまり、中国の思想においては、「食べる」という自然な欲望に潜む暴力性を認識した上で、単に「食べる」ことを規制するのではなく、「食べる」という欲望は人間と切っても切り離せない本性であるという見方から出発して、人間のモラルを考えようとする方向があったということである。

古くは次のような議論がある。

> 告子が言う。「食色〔食べることと性愛〕は本性である。仁は内であって、外ではない。義は外であって、内ではない」。
> 　　　　　　　　　　　　　　　　　　　　　　　　（『孟子』告子上）

> 孟子が言う。「口が美味いものを求め、目が美しいものを求め、耳が良い音を求め、鼻が良い匂いを求め、四肢が安逸を求めるのは性である。そこには命がある」。
> 　　　　　　　　　　　　　　　　　　　　　　　　（『孟子』尽心下）

『孟子』が告げているのは、「食べる」という欲望は人間の本性に備わるものであるが、そこには何らかのモラルへの通路があるということである。では、どのようにしてその通路を見いだせばよいのか。この問いが鮮明になっていったのは、明代においてである。典型的には、王畿や李贄によってであり、禅ときわめて深い関係にある陽明学に基づきながら、彼らは人間の欲望を肯定した上でモラルを考えるようになった。

　まずは王畿の議論はこうである。

> 食色が生まれもった性であると知るだけでは、性が天に由来することを知らない。それでは欲望に流されて節度がないため、君子はそれを性とは言わない。
> 　　　　　　　　　　　（『龍渓王先生全集』巻三「答中淮呉子問」）

> 食を見て食を知り、色を見て好むを知ることは知であるが、良知とは言えない。良知にはおのずから天則があり、時に応じて適度に斟酌するので過ぎることがない。孟子は「口が美味いものを求め、目が美しいものを求めるのは性である」と言いながらも、しかし「命あり」と述べている。命を立てたのはまさに性を尽くすためなのだ。　　　　　　　　　（同上）

さきほど引用した『孟子』を踏まえて議論を展開しているのがよくわかるだろう。それを前提としながら、王畿は、欲望としての「食べる」ことを肯定した上で、「良知」という判断力を働かせて、「食べる」ことにモラルへの通路を確保しようとしたのである。

　李贄も同様の議論を展開している。

服を着ること飯を食らうことは、まさしく人倫物理である。それを除いて人倫物理など無い。

（『焚書』巻一「答鄧石陽」）

　学ぶ者は、ただ倫物の上で真空を知るべきであって、倫物の上で倫物を弁じてはならない。〔…〕明察して真空を得れば、仁義によって行なうことになるが、明察しなければ、仁義を行なうことになり、支離に陥って自ら覚ることはない。　　（同上）

李贄が「仁義によって行なうこと」と「仁義を行なうこと」を区別していることに注意をしておこう。「倫物」すなわち「人倫物理」という人間や事物の道理として、「食べる」ことを捉えた上で、李贄は、その先に「真空」という次元を求めていて、「仁義」というモラルはその次元にあると考えている。ところが、「真空」を得ることができないと、「仁義」をもう一つの「倫物」すなわち道理として、屋上屋を重ねるように設定する羽目に陥るというのである。そして、王畿と同様に、李贄もまた「明察」という判断力が、この「真空」というモラルの次元を導き出すためには必要だと強調していたのである。

5　殺生戒

　王畿や李贄の活躍した時代は、同時に、イエズス会士が中国に布教活動に来た時代であった。彼らは、仏教とキリスト教を入れ替えることを目指したために、仏教徒と対立したが、その最大の論点の一つが、殺生戒であった。
　中国化されたキリスト教を構築したマテオ・リッチはこう述べていた。

試しに考えてご覧なさい。天主が天地や万物を生み出すのは、一つとして人の役に立つために生み出さないものはありません。〔…〕もし天主が、人が牛・羊や犬・豚を〔殺して〕料理することを許さないでいて、それらに美味を与えているのであれば、むだなことをしていると言えないでしょうか。人が〔殺してはならないという〕命令に背くように誘惑し、罪に陥れていると言えないでしょうか。また、昔から今まで、多くの国の聖人賢者は誰でも生きものを殺してその肉を食べ、しかもそのことを後悔もせず、戒律に背くものとも見なしていません。(9)

(『天主実義』第五篇)

殺生戒に敢然と反対する論陣を張っているのがよくわかるだろう。ポイントは、神が「美味を与えている」ことと、多くの国の聖人賢者が殺生戒に背くような行ないをしても問題だとは考えてこなかったということである。別のところでは、「そもそも鳥獣や草木は財貨と同じように使われますが、使い方に節度があれば十分なのです(10)」(『天主実義』第五篇)とも述べており、動物は人間のために創造されたので食べてよろしいと主張していたのである。

それに対して、仏教徒は大いに反論した。その代表的な人物が雲棲袾宏であり、次のように批判していた。

殺生は、天下古今の大過大悪である。断じて行なってはならない。どうして疑って占ってみる必要があろうか。娶らなければ人類が絶えてしまうのは、当然の道理だ。〔しかし〕生き物を殺さなければ祀典が廃れるというのであれば、〔誠さえあれば〕二皿の食物だけでも祭りとして足りること、〔誠をこめずに〕牛を殺す〔贅沢な祭りをする〕ことは、〔誠をこめた〕質素な祭りに及

ばない、ということを聞いたことがないのだろうか。つまり、〔殺生せずとも〕祭りの儀式は、もとより廃れる心配はないのである。もし廃止するとすれば、当然廃止すべきものを廃止するのだ。肉体を傷つける刑罰をやめ、殉葬を禁止するといった類がそれであり、〔こういう類を廃止するのは〕立派な政治なのである。⁽¹¹⁾
　　　　　　　　　　　　　　　　　　　（『竹窓随筆』「天説餘」）

ここで雲棲袾宏は、犠牲獣を捧げる儀礼について、その廃止の可能性にまで言及した上で、殺生戒を断固守ろうとしている。とはいえ、当時の中国において、実際には殺生戒は守られてはいなかったし、雲棲袾宏の仏教改革においても、殺生戒を徹底することはせずに、状況に応じてそれを守るという現実的な提案をしていたのである。

　興味深いのは、この両者が「味わう」ことに向けていた視線である。次のようにそれぞれが述べていた。

　　しかし、私たちは結局のところ、多くの〔身体的〕楽しみをやめることはできません。清い楽しみがなければ、必ず淫らな楽しみを求め、正しい楽しみがなければ、必ず邪な楽しみを求めるものです。〔…〕世人の災いはほかでもありません、心が病んで徳の良い味を知らないだけです。その味が分かれば、美食を軽視することができ、自分でその〔徳の〕楽しみを得ようと言うでしょう。この〔徳と美食の〕二つの味は、互いに人の心に出入りして、同時に住むことのできないものです。これ（徳の味）を入れようと思うなら、先ず彼（美食の味）を出さなければなりません。⁽¹²⁾
　　　　　　　　　　　　　　　　　　　　　（『天主実義』第五篇）

　富貴の人が〔精進潔斎して〕肉食をひかえられないのには、二

つ理由がある。一つには羊や豕の肉のうまさに我を忘れるからであり、二つには粗食が身体をそこなうのではないかと恐れるからである。[13]　　　　　　　　　　　　　（『竹窓随筆』「斎素」）

実は、両者とも美食の美味をともに警戒している。ただし、リッチは徳に関しても、「徳の味」という捉え方をしているので、「味わう」ことがモラルに関与する余地を残していた。とはいえ、「味わう」ことがより肯定的に捉えられるようになるのは、明代の次の時代である清代を待たなければならなかった。

6　味わう

　イエズス会士たちがヨーロッパに大量に送った中国情報は、ヨーロッパの知識人たちを大きく揺さぶった。英国国教会のアイルランド大司教であったジェームズ・アッシャーが、1650年に発表した『世界の起源を示す旧約聖書の年代記』において、天地創造が紀元前4004年に設定されたのは象徴的である。というのも、その本には実は長いタイトルがつけられていて、その中に、「アジアとエジプトの出来事の年代記」とある。つまり、ヨーロッパの外部（エジプト、中国、インド）の発見は、より古い歴史をつきつけることで、聖書の古さすなわち神による天地創造の権威を疑わせたのである。それに加えて、キリスト教が想定するような神なしでも、社会の統治が可能であるということが示されたことで、すべての意味の起源としての神が揺らいだのである。

　ヨーロッパで17世紀後半から18世紀にかけて啓蒙時代が展開したことは、このように神の権威が揺らいだことを抜きにしては語ることができない。冒頭で述べたように、イマニュエル・カントが「趣味判断」を論じたのは、このような背景からであった。ニー

チェがカントを「ケーニヒスベルクの中国人」と呼んだことも決して的を外していたわけではなかったのである。

　そのカントと同時代に、ユーラシア大陸の東でも、「味わう」ことの議論が進展していた。清朝考証学の泰斗である戴震は、キリスト教の宣教師から当時のヨーロッパの知識を取り入れ、問題設定をある程度共有していたと考えられている。そして、戴震もまた、「味がわかる」という判断力にモラルを設定しようとしていたのである。

　　そこで「人は誰でも飲食する。だが、味のわかる人は少ない」
　　（『中庸』第四章）と言うのだ。飲食とは、人倫日用を譬えているのであって、味がわかるとは、行ないに過ちがないことを譬えている。もし人倫日用を捨てて道を考えようとすれば、それは味がわかることを飲食の外に求めることになろう。
　　　　　　　　　　　　　　　（戴震『孟子字義疏證』「道」）

「味がわかる」（「知味」）というのは、「食べる」ことという「人倫日用」に根ざしたものであるが、同時に「食べる」ことからは区別される次元である。

　　孟子は言う。「〔人々の〕心が一同にそうであるというものを、理と言い、義と言う。聖人はわたしたちの心が一同にそうであるというものを先んじて得ている」（『孟子』告子上）。〔孟子は〕義は外にあるという説に対しては、必ずそれを弁駁したが、その意味は、理義は性であるが、性は理であるわけではないというものだ。つまり、性は、血気心知が陰陽五行に基づいたもので、人間と動物をこの点で区別するのだが、理義はというと、人の心知であって、思いがあれば通じ、行為において惑わずに

いられるようになるというものだ。　　　（『孟子字義疏證』「性」）

4節で引用した『孟子』告子上において、告子が「義が外にある」と述べた説への反論を行なった孟子を踏まえての議論である。ややわかりにくいかもしれないが、「理義」というモラルは、人間の性の内に根ざしてはいるが、それとは区別されるべきもの（ただし外にあるのではない）であるという理路である。戴震は、「性」と「性善」を区別する。つまり、「性」は人間にも動物にもそれぞれ備わっているものだが、「性善」は人間のみであって動物にはない。なぜなら、「性善」は、人の「心知」による判断が介入することで成立する「理義」というモラルの次元においてのみ登場するからだ。そして、「心知」は「味がわかる」という判断力そのものである。

7　近代日本の啓蒙とそれへの批判

ここで再び日本に戻ろう。前近代に見られた「食べる」ことに基づくモラルは、近代の肉食を肯定する啓蒙の言説の中で、周縁化されていった。典型的なのは福沢諭吉の言説である。「肉食之説」（1872年）において、福沢は「人は万物の霊にして五穀草木鳥魚獣肉尽く皆喰はざるものなし」[14]として、マテオ・リッチを彷彿とさせる人間の定義から、肉食擁護の議論を始める。その後、肉食を忌避してきた前近代の風俗を、「畢竟人の天性を知らず人身の窮理を弁へざる無学文盲の空論なり」[15]と切り捨てたのである。その論拠もまた、リッチと違わないもので、大型獣と魚類の区別に基づくような殺生戒は無意味だというものであった。日本人は、このような「無学文盲の空論」のために、肉を食べなかったことで栄養が偏り、病弱になった。それを変えて、近代化＝西洋化を遂行しなければならない。

これは日本の前近代社会に対する徹底的批判であって、仏教の影はもはやどこにもない。日本の近代的啓蒙は、精神面の変革とともに、人間の身体に深く関わった「風俗」という生活の仕方を変えるというところにまで及んでいたのである。
　その後、近代日本は、モラルを「国民道徳」という形で展開していってしまう。まさしく李贄が述べていた「明察しなければ、仁義を行なうことになり、支離に陥って自ら覚ることはない」が実現してしまったのである。とはいえ、それに対する批判がなかったわけではない。たとえば南方熊楠である。
　南方熊楠はアメリカとイギリスで教育を受けた、博物学・生物学の専門家であった。西洋近代を十分に身につけた熊楠は、1900年に帰国後、熊野の山中にこもり、粘菌の研究に従事していた。また、真言宗の近代的改革を行なった土宜法竜との交流も知られている。
　その熊楠は「エコロジー（エコロギー）」という概念を最初につかった日本人であった。熊楠がいた当時のイギリスは、産業革命で環境がどんどん破壊されてしまい、それを回復する運動（エコロギー）が展開されていた。そのことを理解していた熊楠は、日本が近代化を急ぐあまりに神社を取り潰し、森林伐採を行なったことに反対したのである。

> 千百年来斧斤を入れざりし神林は、諸草木相互の関係はなはだ密接錯雑致し、近ごろはエコロギーと申し、この相互の関係を研究する特殊専門の学問さえ出で来たりおる。[16]
>
> 　　　　　　　　　　　　　　　　　　（「川村竹治宛書簡」）

　その熊楠にとって、真言宗を通じて仏教の意義は再び回復されなければならないものであった。1902年の土宜法竜宛書簡「もし人間の人間たる所以の精（エッセンス）が死か不死かとの説ならんには、

予は他の動物とかわり不死と答うべし」においては、人間は霊魂不滅であり、そのことは「この世の安心」を超えた「身後の安心」に関わるとした上で、人間ではない動物そして植物の「安心」についてこう論じていた。

> また動物衆生の安心は如何と問わば、一休が、汝生きて潑々たらんよりはわれに食われて成仏せよ、とて鯉を食いし一事にて、鯉が人身となりて鯉の精は大安心せることを知るべし。
>
> （同上）

ここで言及された一休とは、臨済宗の僧侶である一休宗純であり、本来は殺生戒を守るべき側の人である。ところが、鯉を食べて大安心させるというのは、鯉の精神が自分の中で生きるという世界観によっている。それをあえて引用する熊楠は、近代的な世界観と仏教的世界観とが共存する感覚をもっていたのである。福沢の啓蒙の言説が消そうとした前近代の「食べる」モラルを、近代的な世界観の最先端において、熊楠は再肯定しようとしたのである。

　明治から遠く離れた今日において、わたしたちはなおも、熊楠が擁護しようとした「食べる」モラルを考えることができるのだろうか。それとも、「仁義を行う」ことに夢中で、「仁義によって行う」ことはもはや不可能なのだろうか。

＊

　以上見てきたように、「食べる」という行為は、人間の欲望の中心にある。それに基づきながらどのようにモラルを発明するのかが、古い時代の思想の課題であった。その中で、「味わう」ということは、「食べる」ことに対する、いわば微分的な次元として登場してきた。それは、人間のモラルにとって、きわめて重要な次元だった

のである。

　ところが、今日では、「食べる」「味わう」ということに対して、倫理的な問いが立てられることはなかなかない。資本主義がすみずみまで進展する中で、前近代やさらには近代の人たちが直面していたのとは違う社会的課題を、「食べる」ことに関して抱えてしまったのである。わたしたちは工場で作られた肉を頬張り、しかもそれを大量に廃棄する経済システムの中で暮らすようになったのだ。

　こういった状況だからこそ、スローフード運動は、もう一度「味わう」ということを通じて、人間のモラルを再定義し直そうとしているのだろう。はたして今日の日本社会において、このような議論が共感をもって浸透するのだろうか。この問いは、わたしたちがこれからの社会をどのように構想するかに関わる問いである。

　最後に、『中庸』の言葉を引用して擱筆としたい。

> 人は誰でも飲食する。しかし、味のわかる人は少ない。
>
> 　　　　　　　　　　　　　　　　　　（『中庸』第四章）

註

(1) カルロ・ペトリーニ『スローフード・バイブル——イタリア流・もっと「食」を愉しむ術』中村浩子訳、日本放送出版協会、2002年、132-133ページ。

(2) 「松野殿御返事」渡辺宝陽・小松邦彰編『日蓮聖人全集』第七巻、今成元昭訳、春秋社、1992年、103ページ。

(3) 原田信男『日本人はなにを食べてきたか』角川ソフィア文庫、2010年、109-110ページ。

(4) 前掲書、111-112ページ。

（5） 末木文美士『浄土思想論』春秋社、2013 年、164-165 ページ。
（6） 「赴粥飯法」、道元『典座教訓・赴粥飯法』講談社学術文庫、中村璋八・石川力山・中村信幸全訳注、1991 年、143 ページ。
（7） 「日本国越前永平寺知事清規」『道元禅師全集』第十五巻「清規・戒法・嗣書」春秋社、2013 年、176 ページ。
（8） 前掲書、178 ページ。
（9） マテオ・リッチ『天主実義』柴田篤訳注、平凡社、2004 年、161-162 ページ。
（10） 前掲書、165 ページ。
（11） 雲棲袾宏『竹窓随筆――明末仏教の風景』荒木見悟監修、宋明哲学研討会訳注、中国書店、2007 年、505 ページ。
（12） 『天主実義』、170-172 ページ。
（13） 『竹窓随筆――明末仏教の風景』115 ページ。
（14） 『福沢諭吉全集』第 20 巻、岩波書店、1971 年、38 ページ。
（15） 同上。
（16） 「川村竹治宛書簡」明治四十四年十一月十九日、『南方熊楠全集』第七巻、平凡社、1971 年、526 ページ。
（17） 「土宜法竜宛書簡」『南方熊楠全集』第七巻、316 ページ。
（18） 同上。

◆ 基本文献案内

　食べる・味わうについての議論は汗牛充棟である。ここでは概念としての「食べる」・「味わう」ということに焦点を当てて論じてみたが、それでも古今東西、枚挙にいとまがない。そのために、本文で触れた文献と関連文献について述べることで、基本文献案内にかえたい。

　プロローグで紹介したのは、**カルロ・ペトリーニ『スローフード・バイブル——イタリア流・もっと「食」を愉しむ術』**（中村浩子訳、日本放送出版協会、2002年）である。ペトリーニは、もともとは左派の政治的活動を行なっていたが、食に関する記事を書くようになり、雑誌の編集などを通じて、1986年のスローフードの宣言に至った。それは、フランスのワインや食品のブランディングの影響を受けながら、イタリアにおいて土地の食材や文化を尊重し、経済的にも潤うような仕組みを作ったことで、社会運動として大きなインパクトを与えた。そのスローフードのマニフェストがこの翻訳である。

　日本の「食べる」・「味わう」について、大いに参考になったのは、**原田信男『日本人はなにを食べてきたか』**（角川ソフィア文庫、2010年）である。日本の食生活史を通史的に理解するには格好の本である。同じ著者の**『神と肉——日本の動物供犠』**（平凡社新書、2014年）は本文には引用しなかったが、動物供犠さらには人身供犠に及んだ議論が詳細に展開されており、お勧めである。

　仏教における悪人について、**末木文美士『浄土思想論』**（春秋社、2013年）の親鸞論には大いに裨益された。近代的な親鸞解釈を乗り越えて、親鸞に迫る迫力には圧倒される。末木さんは著述もきわめて多い方であるが、親鸞に関しては、**末木文美士『親鸞——主上臣下、法に背く』**（ミネルヴァ書房、2016年）では、伝記的に取り上げており、悪人の議論も再び論じられている。

道元に関しては、和辻哲郎の道元論を中核に据えた、**宮川敬之『和辻哲郎——人格から間柄へ』**（講談社学術文庫、2015年）は読み応えがある。また、本文で触れた中では、**道元『典座教訓・赴粥飯法』**（講談社学術文庫、1991年）は手に入りやすいし、訳注も充実していて読みやすいので、お勧めである。

中国における、「食べる」・「味わう」の議論に関しては、拙作で大変恐縮ではあるが、**中島隆博『共生のプラクシス——国家と宗教』**（東京大学出版会、2011年）の第3章「魂を異にするものへの態度——明末の仏教とキリスト教」をご覧いただければ幸いである。ここでは、マテオ・リッチと雲棲株宏に加えて周辺の思想家も取り上げているので、より広く理解ができると思われる。また戴震に関しては、**中島隆博『悪の哲学——中国哲学の想像力』**（筑摩書房、2012年）の第5章「礼について」でも触れている。

南方熊楠に関しては、**中沢新一『森のバロック』**（講談社学術文庫、2006年）が熊楠の宗教感覚に関するよい導入になるが、最近は研究がさらに進んでいて、**松居竜五『南方熊楠——複眼の学問構想』**（慶應義塾大学出版会、2016年）は現在の到達点を示している。

話す・聞く

梶谷真司

はじめに　対話から生まれる自由への問い

　私は2012年以来、「哲学対話」という実践を行なっている。それは、哲学を広く一般の人に解放する新しいかたちであり、これまで大学の内外を問わず、さまざまなところで、年齢も世代も職業も性別も違う人たちと行なってきた。

　他方でこれは哲学の原点に返る試みでもあろう。哲学において「対話」というのは、プラトンや孔子に見られるように、洋の東西を問わず、思想を表現する基本形態だった。そして思考そのものが「自己自身との対話」だとすれば、それはまさに思索のプロセスそのものであると言えよう。

　20世紀において、哲学者としては、マルティン・ブーバーが「我」と「汝」を人間にとっての根本的関係とし、そこに「対話」を位置づけた。そして近年、90年代以降、哲学にとどまらず、セラピーや教育、コミュニティ形成の場で、「対話」という営みに注目が集まっている。では、こうした広がりを見せている「対話」とは、いったいどのようなものなのか。

　「対話」というのは、端的に言えば、人と人との間の言葉のやりとりである。言葉を通した人と人との関わりと言ってもいい。他にも類似のものとして、討論やディベート、話し合い、おしゃべりな

どが挙げられる。「対話」はこれらとは似て非なるものである。特徴としては、結論を出さなくていい、誰が正しいかを決めない、何を言ってもいい、ただし人を批判したり、否定したりせず、たがいを尊重する、ということになるだろう。このように書くと、とりとめがなく、当たり障りのない気楽なおしゃべりのように思われるかもしれない。だが、おそらくここでもっとも重要なのは、「話す」ことよりはむしろ「聞く」ことである。

一般に哲学では、「話す」ことについては、多く論じられてきた。しかし「聞く」ことについては、ほとんど語られてこなかった。では「聞く」とはそもそもどのようなことなのか。それは「話す」こととどのように関係しているのか。哲学対話の実践から浮かび上がってきたのは、それが「自由」につながっている、ということである。ではこの三つのこと——「話す」と「聞く」と「自由」は、どのように連関しているのか。

1 対話的関係と自由

「対話」が双方向の言葉のやりとりだとすれば、それ以前に、あるいはその根底に、かならずしも言葉のやりとりを前提としない次元があるはずだ。それを「対話的関係」と呼び、双方向ではないにしても、何らかの意味での「話す」と「聞く」という二つによって成り立つものとしよう。これらは、自他の関係やより広い人間関係の形成において、どのように作用しているのか。

対話的関係は、すでに誕生直後の赤ん坊と母親との間で起きている。子どもは「アー」とか「ウー」といった言葉にならない声を発する。母親や周囲の人たちは、それにさまざまな仕方で応える。話しかけたり、微笑みかけたり、抱っこしてあやしたりする。そのさい赤ん坊はけっして受動的なわけではない。その声と外見、しぐさ

で周囲の関心を一身に引きつける。その強さは、大人の生活を子ども中心に一変させてしまうほどだ。

　この関係は、言葉の面では対等ではない。言葉をある程度身につけるまで、子どもはただ一方的に話しかけられるだけである。赤ん坊にそれがどれだけ伝わっているのかは不明であるし、子どもの意思もはっきりとは伝わらない。しかしそこでも、何らかの意味を帯びたメッセージのやりとりはなされている。そうした過程で意味が生まれ、積み重なることで、子どもは言語を身につけていき、言葉でのやりとりができるようになる。

　子育て中の親（とくに母親）は、泣き声のわずかな違いから、赤ん坊が何を求めているのか識別できる。また子どもは話し始めてからもしばらくの間、不明瞭なしゃべり方しかせず、他人が聞いてもほとんど分からない。ところがいつも一緒にいる親は、それを正確に理解し、子どもと話をする。

　以上のことから、対話的関係がどの時点から言葉を介した「話す」－「聞く」という関係になるのかは、明確には言えないことが分かる。むしろ「話す」－「聞く」というのを、意味の表出と受容として捉えるなら、それは言語を習得する以前から、つねに何らかのかたちで起きていると考えるべきだろう。

　こうしたことは、対話的関係がたんに言語レベルで成立しているわけではないことを示唆している。なかでも身体や情動の次元におけるつながりは、言語以前とも以上とも言える深みと広がりをもっている。実際、言葉ができる者どうしのコミュニケーションであっても、それはたんなる意味や情報の受け渡しではない。とりわけ直接話し、聞く場面であれば、言葉のやりとりは、身振り手振り、表情や眼差しなどの身体的なレベルでのやりとりから切り離せない。相手が笑顔でうなずきながら聞いてくれると、こちらもつられてどんどんしゃべってしまう。逆に反応が悪く、退屈そうな表情をされ

ると、話を続けにくくなる。

　そうした言葉以前、もしくは言葉以上の次元の存在をよく表すのは、沈黙である。それは、言葉のやりとりが欠如した状態であるが、言葉以上に饒舌なコミュニケーションでありうる。深い満足感を表していることもあれば、うんざりするような不満を示していることもある。困惑や緊張を引き起こすかもしれないし、安堵や平穏をもたらすかもしれない。このような次元を、私たちは言葉にできなくても、体ではっきり感じとる。

　言葉と身体を通じて成立するこうしたつながりは、「自由」とどのような関係にあるのか──もし「自由」を個人の自由として捉え、それを何らかの自律性に求めると、他者とのこうした分かちがたいつながりは、自由と相反するように見える。自己と他者の価値観、利害が一致することはむしろ稀で、食い違うほうが普通であろう。自分の意志で選択することは、他者を侵害したり、他者によって妨げられたりする。それを避けて、他者との間で折り合いをつけ、たがいに尊重し合って共存しようとすれば、他者の都合に合わせて自分の判断、行動を決めなければならなくなる。そのような意味で他者とのつながりは、しばしば自由を制限するネガティヴな要因となる。

　しかし、私たちが社会の中で他者と共に生きていることを考えると、他者と一緒にいることで成り立つ自由が考えられなければいけない。さもなければ、私たちの生は、妥協の産物にすぎなくなる。人生において、他者としぶしぶ折り合いをつけざるをえないことがいかに多いとしても、それを普遍化して諦念の境地を決め込むことはない。私たちは、自由だと感じる時もあれば、不自由だと感じることもある──この実感こそ重要なのであって、その違いと、そこに他者がどのように関わるかが問題なのだ。

　ここで決定論や運命論を持ち出しても、あまり意味はないだろう。

話す・聞く　37

私たちの感情、判断、行動がすべて自然法則によって決定されていたとしても、あるいは何らかの運命によって決められていたとしても、問題はやはり、私たちが自由だと感じる時と感じない時があるということなのだ。傍から見てどれほど不自由であっても、自由を感じることはあるだろうし、逆に至極自由であるように見えても、本人はまったくそう感じないこともありうる。

　そういう自由の感覚は、痛みと同様、否定することができない。痛みがどれほど物理化学的なプロセスによって引き起こされているにせよ、そのことによって、痛みがたんなる幻想だということにはならない。「君は痛いと思ってるかもしれないけど、本当は違うんだよ」とは、誰も言えない。私たちが感じる痛みは、この上なく切実で強烈な現実であり、どう解釈しても、それじたいが消えることはない。

　自由の感覚もまた同様に、幻想でも何でもなく、そう感じている限り、まぎれもない現実である。それゆえ一般論として私たちが自由かどうか、原理的に自由が可能かどうかと問うてみても、ここで焦点になっている問題には届かない。私たちは自由な時とそうでない時がある。その違いは何か。それを決める要因は何か——これこそが問題なのだ。

　そこで以下では、自由の基礎になるような自他の関係をこの「話す」－「聞く」、ないし対話的関係の内に求め、そこから自由を捉え直してみる。これを考えるために、「話す」－「聞く」という対話的関係が成り立っていない、もしくは根本的に壊れている事例として、アルコール・薬物依存症の人と自閉症の人を取り上げよう。どちらも自らが話し、自分の言葉を人に伝えることが途方もなく困難であるか、決定的に奪われた人たちである。

2　抑え込まれた言葉、引き裂かれる私

　アルコール中毒や薬物中毒というと、違法行為であるとか、だらしがない、乱れた行ない、悪い人がやること、というイメージが強いのではないだろうか。生活の中で何かつらい問題を抱えているから、お酒や薬に逃げているんだろうと考える人もいるだろう。そういう人に対しては、「誰でもつらいことはある。それでもみんな頑張ってるんだ。そんなときお酒を飲んでもいいけど、依存症になるほど飲んじゃいけない。まして薬を使うのはダメでしょう」と言いたくなるかもしれない。けれどもそういう人たちが抱えているもともとの問題は何なのかということには、なかなか関心が向けられないのではないか。

　アルコールや薬物への依存症を抱える女性たちをサポートする「ダルク女性ハウス」を運営する上岡陽江さんが『その後の不自由──「嵐」のあとを生きる人たち』（大嶋栄子と共著、2010年）で書いていることによると、このような人たちは、幼少期に虐待を受けていたり、その後も家庭でDVを受けた経験をもっていることが多いという。アルコールや薬物への依存は、しばしば、以下で述べるように、そうした過酷な経験をした人が、かろうじて生き抜くためにとった道なのである。

　ここで言う「虐待」とは、かならずしも身体的暴力とは限らない。言葉による暴力（叱責、非難、罵倒、文句）もあれば、無視、面倒をみない、いわゆるネグレクトもある。両親の不仲や嫁姑問題で家の中が緊迫しているとか、親が完璧主義であるとか、一見平和に見えても、親がつねにイライラ、ピリピリしているというのも含まれる。

　このような家庭環境にいる子どもは、困ったことがあっても親に訴えられない。できるだけおとなしく、「いい子」でいなければならず、何かほしがったり求めたりしてはいけない。そんなことをす

ると、怒られたり、鬱陶しがられたり、下手をすれば、叩かれたり蹴られたりしてしまう。それどころか、親の機嫌次第では、とくにこれといったことをしていなくても、不満を晴らすはけ口となり、怒鳴られたり殴られたりするという。そんな状況では、腹痛などの体調不良も疲れも、空腹や渇き、眠気、便意のような生理的欲求も訴えることができない。彼女たちの言葉は、親に届くことはなく、子どもは自分の気持ちや思いを言葉にせず、飲み込み、抑え込むことになる。おそらくもともとは、体の不調や欲求を感じてはいても、口には出さず我慢している、という状態だったと考えられる。しかしやがて、そもそもどこがどのように具合が悪いのか言葉で説明できなくなり、最終的には、そうした身体感覚をもつことすらなくなってしまうという。[1]

　以上のことから分かるのは、痛みや疲れ、生理的欲求のような、一見受動的で単純で原始的、動物的であるように見える感覚ですら、ある種の"学習"の結果はじめて身につくということだ。すなわち、身近な人から心配してもらったり、世話をしてもらったり、どうすればいいか教えてもらって初めて、その感覚が何であり、それに対してどのように関わればいいのか分かるのだ。

　たとえば、おなかが痛いとき、それを訴えて聞いてくれる人がいて、「おなかを温かくしなさい」とか「トイレに行きなさい」とか、「この薬を飲みなさい」とか、「少し横になりなさい」とか言ってくれる。場合によっては、親が慌てたりとか、病院に連れて行ってくれたりする。それは、大人から子どもへの一方的な教えではない。その子が感じていること、思っていること、求めていることが何かあって、周囲の人はそれに応答しているのである。

　言葉を習得する過程の初期はぎこちなく、不正確でも、周りとの相互的なやりとりの中で徐々に細かい表現ができるようになり、コミュニケーションもスムーズにいくようになる。感覚もまた言葉と

同様、そうした他者との対話的関係において身につけていく。それに対して、虐待やネグレクトのせいで、そういう対話的状況を経験していなければ、痛みや疲れ、生理的欲求が何であるのか、自分でも分からず、うまく表現することができなくなる。それが暴力的に抑え込まれれば、感じることすらなくなるのである。

　これは身体的な感覚に関わることだが、精神的・情動的な思いや悩みであれば、なおさらそうなるだろう。だから、虐待を受けている子どもは、自分の精神状態を言葉で説明した経験が乏しい。しかも、他の人たちに自分が虐待を受けていることを知られたくないために、外ではそのことについて語ろうとしない。そうして彼女たちは、自分の苦しみ、痛み、その他いろいろと抱えている大小さまざまな問題を人に伝えることもなく、押し殺して生きていくことになる。このようにして成長すると、痛みや苦しみとの向き合い方が分からなくなる。どこがどのように痛いのか、なぜ苦しいのか、どういう悩みなのか、自分でもよく分からない。誰もそれが何か、どうすればいいのか教えてくれなかったし、それを自分で言葉にして、自分にとっても相手にとっても分かるようにする機会がなかったからだ。

　だから、上岡さんのところに来る女性の中には、たとえば、喉が渇いていても、しばらくはそれが分からず、放っておいてしまいにパニックになる人がいるという。また、生理が来る前後には、多かれ少なかれ心身の状態が不安定になるが、それが生理によるありふれた体調不良だということが分からない。だから服がきついだけでパニックになったり、ちょっとしたことで自暴自棄になったり、怒りが爆発して周りの人と激しいケンカをしてしまう。そうしたその時々の体調や気分の変化に翻弄されるだけでなく、さらに潔癖症、神経症、摂食障害、パニック障害、自傷行為、うつ病、自殺願望などを抱えていることも少なくないらしい[2]。

こうした苦痛、苦悩を一時的にせよ、まるごと一気に回避ないし消失させるために、そのような境遇の人たちは、アルコールや薬物を使い、依存していくという。彼女たちはそうやってかろうじて生きているのである。しかし当然のことながら、その効果は、ある程度時間がたつと切れてしまう。すると彼女たちは、ふたたび苦しみのうねりに呑まれ、そこから逃げ出すためにまたアルコールや薬に手を出し、それを繰り返す。したがって彼女たちの日常はきわめて不安定であり、押し寄せる感覚や感情、思いに飲み込まれ、引き裂かれる。彼女たちは、このように苦難に満ちた自らの状態について話せない。それも日常生活のごく些細な、具体的な悩みを相談したり、愚痴をこぼすこともできない。どうにもならないところまで行って、いきなり「死にたい！」というような"劇的な"事態や、DV、自傷、抑鬱、借金、クスリ、ストーカー被害などが複雑に絡み合った状態になる。(3)

　また上岡さんによれば、そうした依存症の人は、それまでの人生において、身近な人から世話をされたり受け入れられたりした経験が乏しいため、「信頼」というものじたいが、味わったことのない不安に満ちたものに感じられる。いわば信頼に対する不信感があると言ってもいい。「信頼」などというものがあるとも、それがどういうものかも分からない。他人を信じることも自分を信じることもできない。だから親切な人、ボランティアなどで助けてくれる人が目の前に現れても、安心して信用することができない。むしろ、暴力、恐怖、不安、緊張、支配、屈服の中で生きてきたため、それ以外の人間関係の作り方を知らない。その結果、全面的に自分を受け入れてもらおうとするか、完全に拒絶し、関係を壊して逃げるか、というような極端な行動に走りやすい。それでせっかくできた人間関係も、見捨てられるのではないかという不安から、自分で先に壊してしまうという。(4)

彼女たちはおそらく、周りの人たちにとって、どれほど自分勝手に振る舞っているように見えても、本人としてはそのような意識はないであろう。勝手にできるような自分などないからだ。彼女たちは、何よりも自分自身が自由にならない。コントロールのきかない自分の内と外で引き裂かれ、イニシアティヴをもてないまま突き動かされる。

　そんな不自由な状態から抜け出すためには、どうすればいいのか──上岡さんによれば、もっとも大切なのは、これまで言葉にしてこなかった自分の中の感覚や気持ちを自分の言葉で話せるようになることだという。自分が感じている痛みも言葉にしなければ、その痛みをどうすればいいか、どのような手当てが役に立つのか誰も教えてくれない。話をするうちに、ただ具合が悪いとしか言えなかったのが、どこが痛いか、何に困っているかも具体的に言えるようになるという。とはいえ、それは、その気になればできるというものではない。そのためには、自分を否定も嘲笑もせずに聞いてくれる人、あるいは同じような経験や痛みを安心して分かち合える仲間が必要である。そのような人と出会い、一緒にいられる場ができた時、はじめて自分が感じていることを口に出せるようになる。そうやって話すこと、言葉を受け止めてもらうことで、自分の体との付き合い方を学び、また、痛みや苦しみの姿かたちを知る。そうしてはじめて彼女たちは、アルコールや薬物に依存せず人と関わり、少しずつ自分を安定させ、行動できるようになるという[5]。

　けれどもそれは、彼女たちが楽になることを意味しない。それまで彼女たちの苦しみを一気に消してくれていたものなしで生きることは、苦しみと「その後の不自由」と、正面から向き合うことに他ならないからである。しかもそれは、たえず行きつ戻りつ、やっとの思いで歩き続けられる、終わりのない「自由への途上」なのだ。

3 閉じ込められた言葉、立ち行かない私

　対話的関係の困難という点で言えば、自閉症の人も、アルコールや薬物に依存している人と似た世界に生きている。「自閉症」というのは、一般にはコミュニケーション障害、社会性の障害だと言われる。しかし依存症の人の場合と同様、その原因がどこにあるのかについては、十分に問われてこなかったのではないか。

　おそらくその理由は、当事者が自ら語る機会がなかったために、その実態がほとんど分からなかったからだろう。それが最近、綾屋紗月さんや東田直樹さんらが自らの体験を記した著作を刊行したことで、その内実が詳しく分かるようになってきた。(6)

　自閉症と言っても、近年さまざまな種類に分類されており、綾屋さんはアスペルガー症候群である。他方、東田さんはいわゆる従来型の自閉症で、二人の症状はかなり違っている。アスペルガー症候群は、高機能自閉症と言われるように、知的・言語的な面では、コミュニケーションの場面を除けば、平均もしくはそれ以上の能力をもっていることも多い。そこで以下、自分の経験についてきわめて緻密な描写・分析をしている綾屋さんの事例に依拠して考えていこう。

　綾屋さんによれば、彼女は他者との関わり以前に、知覚や認知のレベルで困難を抱えている。体の内外から来るさまざまな刺激や感覚、想念が大量に押し寄せてきて、そのつど必要なものに焦点を当てて、一定の意味と行動へとまとめ上げることができない。たとえば彼女にとっては、空腹というごく当たり前のことを感じるのが難しいという。空腹というのは、胃の中が空っぽになったのを感じているだけで、特段複雑な感覚ではないと思うだろう。しかし、実はそう単純ではない。私たちは誰しもその時々に体でいろいろなことを感じている——頭が少し痛い、腰に鈍い痛みがある、ボーっとす

る、足がしびれている、頭がかゆい、肩が張っている、下腹部が不快、胃のあたりが小さくへこむ感じがするなどなど。にもかかわらず、私たちはなぜか、その中からいずれかを、あるいはそれらの組み合わせを「空腹」として認識する。自分の身体的状態を「空腹」として感じることは、けっして単純な経験ではないのだ。綾屋さんの場合、上で挙げたようなさまざまな感覚が同じような強度で乱立し、一つの主要な状態としての「おなかがすいた」という感覚にまとまらないという。そのまま放置していれば、やがて空腹に関連する感覚が強くなり、他を圧倒して前景にせり出してくる。だがその時にはすでに、「何か食べなければ倒れる!」という危機的状態に陥っている[7]。

　そのような事態を避けるために、彼女はある条件のもとでは——こういう感覚が現れたらとか、十二時になったらなど——「おなかがすいた」と判断することにしているそうだ。ところがそこから先も、簡単にはいかない。今からすぐにどこかに食べに行くべきか、まだ仕事の切りがつかないから後にすべきか、今日は体調が悪いから昼食は抜きにするか……。行くことにしたとして、どこに行くのか、その時周りの人にどういう口調で、どのような声の大きさで、どんな表情でそのことを伝えればいいのか……。実際に食事をしに行ったとして、どこで何を食べるのか、もしそれが売り切れだったらどうするのかなどなど、あらゆる段階で種々さまざまな想念が浮かんでくるという。そこからそのつど一つの判断、行動へとまとめていくのは、彼女にとって途方もなく困難なのである[8]。

　他にも、体温変化による身体感覚も同様に、彼女には感じにくいらしい。「足が痛い」「体が重くて動かない」「体にやけに力が入る」「無性にさみしい気持ちがする」「体がぶるぶる震える」という感覚はあっても、それが「体が冷えている」という経験にならない。だから、そこから暖房をつけようとか、お風呂に入って体を温めよう

という欲求も湧かない。人からそう言われても、的外れなことを言われているように思えてしまう。また、外部の知覚に関しても、外からさまざまな刺激が無差別に流れ込んでくるという。しかも彼女の場合、どの感覚も人並み外れて敏感であり、普通の人が気づかない微細な刺激まで感じ取ってしまう。服は木綿100パーセントでないと着られず、洗剤が残っていると、痛くて着られない。低気圧が来ると、それだけで頭痛や吐き気がする。こうした細かい大量の刺激がきちんと意味づけられず、"生の"ままで自分の中を埋め尽くしてしまう。他方、自分の目の前に現れる個々の対象については、それにまつわる記憶が次々と引き出され、逆に大量の意味で溢れ返ってしまう[9]。

　さらに綾屋さんの場合、体内の感覚と同様、知覚においても全体よりも細かい部分に注意が向くため、物や人の同一性に関する見方が、一般の人とはズレてしまう。たとえば、目のかたちが似ているだけで全体の印象、顔の輪郭がまったく違う人を「似ている」と考えたり、逆に同じ人なのに外見のみならず、声色や言葉遣いが変わっただけでも、本当に同じ人なのかどうか自信がなくなってしまう。そうなれば、知っているはずの人が、その時々で馴染みのない人として現れることになる[10]。

　このように乱立する細かい感覚の渦の中では、自分の身体の状態も、周囲を取り巻く物も人も、安定したまとまりをもたず、どのように行動していいか、自分がどうしたいのかも分からない。欲すること、決めるべきことは果てしなくあるのに、その時々に自分の内や外からあふれ出る大量の感覚や想念に埋もれてしまい、固まって動けなくなったり、気分が悪くなったり、パニックに陥ったりする。このような状態では、自分が感じたり思ったりしていること、自分に起きていることを特定の意味をもつ行為や状態としてまとめるのは容易ではない。自分に何が起きているのか、なぜ他の人と違うの

かも分からなくなる。

　それでも、綾屋さんが普段そうしているように、こういう時はこうする、というパターンを決めておけば、あまり迷わずに行動できる。けれども、そこには柔軟さが欠けていて、臨機応変に状況に対応することができない。だから、そのパターンから少しでも外れると、自分の行動がバラバラになり、ふたたび混乱に陥ってしまうという。さらに物が相手であれば、まだ対処しやすいが、相手が人間だと不測の事態が起きやすくなる。また、他者の所作や動作、表情が自分の中に入ってきて、自分の所作が揺らいでしまう。さらに他者の全体的な像、キャラまで自分に侵入してくる。その結果、自分はこういう人間なんだという軸になる自己像が安定せず、何をするにも自信がもてない[11]。

　綾屋さんによれば、いわゆる「自閉的」な症状であるコミュニケーション障害、社会性の障害は、上で述べてきたような、そのはるか手前にある膨大な困難の表面的な帰結である。彼女のケースをどれだけ一般化できるかは分からないが、もし似たようなことが起きているとすれば、自閉症の人が同じことを繰り返し、いつもと違うのを極端に嫌うのも当然であり、他者との関わりは、想像を絶する恐怖と苦痛を伴う、極力避けたいものだろう。

　しかも、上で述べたように、自閉症の人の経験する世界は、もともと普通の人とは大きく異なっているし、コミュニケーションが成り立たないため、他の人と共有されない。綾屋さんのようなアスペルガー症候群の場合、知的にも言語的にも普通の人以上に豊かな能力をもっていることも多く、自分の考えや気持ちを語ることはできる。しかし彼女の言葉は理解されないか、聞いてもらえない。いずれにせよ、人には伝わらず、彼女自身の中に閉じ込められたままになる。そのため自分が経験することが正しいのか間違っているのか、それどころか本当に存在しているかどうかすら不確かになっていた

という(12)。

では、こうした自閉的世界から抜け出し、周りの人とつながるにはどうすればいいのか——ここでも、虐待を受けてきた人の場合と同様、その人たちの言葉が受け止められ、彼らの経験が他の人と共有されることが重要である。綾屋さんの場合、それは最初に書物を通して実現した。同じような境遇の人が書いたものを読んで、彼女の体験は「確かにある」ものと承認され、それが閉ざされた世界から抜け出す最初のきっかけになったという。また医師から「自閉症スペクトラム」と診断されたことで、それがこの世の中にある一つの"病気"として正式に認定された。もちろんこうしたレッテルによって人を捉えるのは、人間を無理やり一つの枠組みに押し込むことになりかねず、かならずしもいいことではないだろう。それでも、自分が正常か異常かも分からず、この世でしっくりくる居場所がなかった状態と比べれば、「普通ではない」という位置づけではあっても、一つの権威によって自分の存在が社会的に認められたのには、大きな意味があったという(13)。

その後、彼女はより自分自身にあった理解に自分自身でたどり着くため、「当事者研究」に向かい、そこで自分と似た境遇の人と直接つながることができた。彼らの間では、自分の気持ちや思いを否定せずに受け止めてもらえる。すると、意味づけられずにいた自分の痛みや苦しみが、他者との間で共有され、確かな意味を与えられていく。それは世の中や周りの人、そして何より自分自身への信頼感になっていく(14)。

だからと言って、上で述べてきたような困難がすべて解消されるわけではないし、自閉症でなくなるわけでもない。それでも自分に何が起きているのか、自分の生きにくさが何に由来するのかは、分かるようになった。そうすると、苦しさ、痛みにどう向き合えばいいかも、分かってくる。かならずしも和らがないかもしれないが、

それでも耐えやすくはなる。

　言葉と意味を共有できれば、身体感覚も知覚世界も秩序が与えられ、他者像も自己像もより分節化され、安定したものになる。こうして相変わらず藪の中にいるように足元も見通しが悪く、好きなよう動き回れるほどでないにしても、何とか身をこなしていくだけの自由の余地は手に入れられるのだ。

4　自由に話すことの難しさ

　依存症と自閉症の人たちはともに、自分の気持ちや思いを言葉で人に伝え、受け止めてもらった経験がきわめて乏しいという共通点をもっている。その結果、彼らの経験は分節化されることも、まとまりをもつこともなく、漠然としたものとして拡散してしまうか、緊張や不安や恐れ、無力感の中で抑え込まれていく。自分の内からも外からも押し寄せるまとまりのない雑多な刺激、不可解な感覚や情報に翻弄され、どのように対処すればよいのか分からない。そのため、そのつど必要な感覚や欲求をもつことができず、言い知れぬ不快さ、不安に襲われ、不機嫌になったり、気分が悪くなったり、パニックに陥ったりするのだろう。

　依存症の人や自閉症の人たちがこのような状態を多かれ少なかれ共有しているとすれば、彼女たちの生活はつねに危うく、たえず何かに脅かされており、世の中や他者に対する根本的な信頼感、安心感が欠如していると言える。そのため、「できる」という感覚がもてず、自分のイニシアティヴで物事、他者と関わることができない。つまり、徹底的に不自由である。私たちは自由の問題を論じる場合、何かを選んだり、決めたりできることを暗黙の裡に前提としており、それ以前に知覚や感覚のレベルで大きな困難を抱えているとは、想定していない。

上の論述から分かるように、依存症の人も自閉症の人も、こうした苦境から多少なりとも解放されるのに、言葉のやりとり、「話すこと」と「聞いてもらうこと」が決定的に重要である。痛みや空腹のような一見受動的で単純な感覚ですら、他者との対話的関係において、自分の思いや気持ちが表現され受容されてはじめて経験され、どう対処し行動すればいいか分かる。それがなければ、そもそも痛みも空腹も、そのようなものとして感じることすらできない。

　ではこの「話す」－「聞く」の関係はどのように捉えられるのか——話すためには、聞いてもらわなければならない。独り言というのは確かにあるが、聞かれることのない言葉、誰にも届かない言葉は、やがて消えるか、その人の中に閉じ込められてしまう。他者が「聞く」ことで、自分の言葉を受け止めてもらう——それによって（あるいはその可能性があって）はじめて、私たちは話すことができる。そうした言葉の受け渡しを通して、自分は一人の人間として認められているという世の中や他者への信頼感が生まれ、安心して話せるようになる。そしてそれがまた言葉を誘い出し、つながりをより確かなものにしていくのだろう。

　とはいえ、こうした言葉の受け渡しによって安心感が得られる一方で、そもそも安心感がなければ、言葉のやりとりもできないだろう。話し手には、受け止めてもらえないかもしれない、否定されるかもしれないという不安があり、聞き手は、一方的に話してくるかもしれない、嫌なことを言われるかもしれないという心配をする。では安心して話せる場とは、どのようなものなのか。そのためには何が必要なのか。

　それを理解するうえで参考になるのは、2で言及したダルク女性ハウスのミーティングで用いられる「言いっぱなし聞きっぱなし」のルールである——まず自分の話をする前に「○○です」と名乗ると、その場にいる人から「○○〜」とおうむ返しのように返ってく

る。話し終わった時には、司会者から「ありがとうございました」と言われる。聞いている間、他の人は話している人の顔を見ず、相づちも打たない。参加者は好きなところで思い思いの姿勢をとっていればいい。(15)

　これらは社会で一般的なルールから大きく逸脱している。普通は、顔も見ず、相づちも打たないのは、相手の話をきちんと聞いてないようで、マナー違反と受け取られかねない。けれども、もともと話し慣れていない人で、自分の言うこと、考えていることに自信がなければ、聞いている人が自分の話にどのように反応するのかは、大きな不安材料になるだろう。もちろんみんなが好意的に聞いてくれればいいのだが、かならずそうなるとは限らない。だから、他の人がどう反応するのか気づかわずにはいられない。自分の話を聞いた人がうなずいたとしても、うなずかない場合もあるなら、人からうなずいてもらえる話でなければいけないのではないかというプレッシャーがかかってくるだろう。相手の表情、しぐさも気になるだろうし、その場の「空気を読む」必要も出てくる。

　こうした、一般の人であれば、それほど苦労せずにできることが、依存症や自閉症の人には、きわめて難しいようである。いろいろと気にしているうちに、何をどう話していいか分からなくなってしまう。むしろ、ただその場にいて、ちゃんと聞いていてくれること——話す人の名前をそのまま言い返す、最後に「ありがとうございました」と言ってくれるのはそれを示している——が分かっていれば十分で、相手が反応しないと決まっていれば、そのほうがむしろ安心して話すことに集中できるにちがいない。つまり、「聞くこと」において本質的なことは、音声となった言語を受け止める以前に、その人のためにその場にいることであり、他方「話すこと」とは、他者と共にいる場で、少しずつでも自らを開いていくことだと言えるだろう。

このようなことは、依存症の人にも自閉症の人にも共通している
ようだが、これは特殊なことなのだろうか。一般の人たちはどうな
のだろうか——これまで私が哲学対話の実践を重ねてきて分かった
ことは、本当に安心して自由に話ができる場というのは、一般の人
にとっても、実生活の中ではほとんどない、ということである。私
たちは、役割、関係の中で使うべき言葉、言っていいことと悪いこ
とが決まっていて、その範囲内でしか話していない。職場はもちろ
ん、学校、家庭、友だちづきあいなど、どこであろうと、言いたい
ことを自由に言っていいわけではない。話す内容も話し方も、明に
暗に規制が働いている。

　とりわけ学校は、「言いたいことを言わないように教育する場所」
と言ってもいい。学校では、"正しいこと"や、"先生の意に沿うこ
と"を言うように求められる。その期待に応えれば、肯定され、褒
められ、受け入れられる。さもなければ、否定され、怒られ、拒否
される。このような経験を先生とのやりとりの中で自ら経験したり、
他の人が経験するのを見たりして、子どもは言いたいことを言うよ
りも、望まれたことを言うように"教育"される。

　いちばん親密であるはずの家庭でも、子どもは親の望むことを行
ない、言うことを期待されるし、多くの子どもがそれに応えようと
する。妻も夫も、夫として、妻として言うべきこと、親は親として、
子どもは子どもとして、考えるべきこと、行なうべきこと、言うべ
きことがある。どんな人間関係であれ、期待される役目が必ずあり、
それに合うような言動が求められる。

　もちろんそうやってそのつど自分にふさわしい「話し方」を身に
つけることこそが、世の中のルール、作法を理解し、それに適応し、
社会の一員として生きていくということでもある。だが、それから
外れたことをして、怒られたり笑われたり、困惑されたり無視され
たりすれば、自由に話すことが抑圧されていく。そうやって私たち

は、自分のことを語る言葉を失っていく。

　このことは、とくに緊張を強いる関係でなくても、ごく親しい、仲のいい間柄でも、原則として変わらない。とくに虐待やDV、夫婦の不和によって壊れていない、それどころか"素晴らしい"家族でも、"素晴らしい"からこそ、それを乱すような言動はしないようにする圧力がかかるかもしれない。

　このように、自由に話ができる場というのは、きわめて稀なのであって、意識して作らなければいけない。序論でも言及した哲学対話には、以下のようなルールがある。①何を言ってもいい。②人の言うことに対して否定的な態度をとらない。③発言せず、ただ聞いているだけでもいい。④お互いに問いかけるようにする。⑤知識ではなく、自分の経験にそくして話す。⑥話がまとまらなくてもいい。⑦意見が変わってもいい。⑧分からなくなってもいい。

　こうしたルールは、依存症や自閉症の人が話すさいに必要だった配慮と通底する部分が多いことが分かる。彼らの苦しみはけっしてありふれたものではなく、普通の人に容易に理解できるような生易しいものではない。けれども彼らの境遇は、私たちにとってまったくの他人事ではない。私たちもまた、言いたいことを言っておらず、自分の感じていること、思っていることを自由に話すことができず、真に人と共有はしていないのだ。

むすび　共にいることによる自由

　「話す」と「聞く」から成る対話的関係において現れる「自由」とはどのようなものなのか。それはさしあたり、誰が何を話してもいいという自由である。けれどもこれは、言論の自由という時の「自由」とは異なる。言論の自由とは、公的な場での信条や思想の表明の自由を指すが、そこでは話すことだけが問題になっていて、

「聞く」ということはそれほど重点が置かれていない。だから、誰も聞いていないか、ごく内輪で話している限りは、言論の自由が制限されることはない。

他方、対話においては、「聞くこと」、誰かその場にいて言葉をしっかり受け止めることによって、何でも安心して自由に話せる場が開かれる。これは当然、相互的でなければならない。自分が話し聞いてもらう一方で、人が話すのを自分も聞くという、受け入れ、受け入れられる関係でいることが重要である。そのことがお互いの話す自由を保障するのだ。

とはいえここで根本的なのは、「話す」自由ではなく、「話す」－「聞く」という対話的関係によって他者と共にいることで達成される自由である。一般には、他者と共にいることは、利害が衝突ないし相反するため、自由にとってむしろ制約や障害だとされてきた。しかし他者がそもそも制約や障害になりうるためには、他者との関係以前に、世の中で生きていくのに自分のイニシアティヴで判断や行動ができていなければならない。自分のしたいことを自分で決めて行なうことができてはじめて、他者はそれを妨げる存在として立ちはだかるはずである。

それがそもそも難しい依存症や自閉症の人は、人と一緒にいたくてもいられない不自由さを抱えている。しかもその根底には、人と言葉を通わすことができず、言葉を通して意味や経験を共有できないということがあった。しかし、上で述べたように、言葉を通して他者とつながることで、彼らは自分自身のイニシアティヴ、自由を獲得していく。したがって「話す」－「聞く」という対話的関係において、他者との関わりは、自己の自由を妨げるものではなく、むしろその前提条件なのである。そのような関係において言葉を互いに受け取り、意味と経験を共有する、そうして共にあることによって生まれる自由がある。それは、自分の思い通りにできるとか、人

の妨害を受けないといった自由よりも、ずっと深く、リアルで切実なものであろう。

註

(1) 上岡陽江・大嶋栄子『その後の不自由』医学書院、2010年、56ページ以下、94ページ以下、182ページ以下を参照。

(2) 同上、56ページ以下、83ページ、94ページ、134ページを参照。

(3) 同上、3ページ、57ページ、74ページ以下、81ページ以下を参照。

(4) 同上、36ページ以下、147ページ、193ページ以下、205ページ以下を参照。

(5) 同上、55ページ以下、58-63ページ、86ページ以下、94ページ、108ページ以下、182ページ以下を参照。

(6) 綾屋紗月・熊谷晋一郎『発達障害当事者研究——ゆっくりていねいにつながりたい』医学書院、2008年。東田直樹『自閉症の僕が跳びはねる理由——会話のできない中学生がつづる内なる心』エスコアール出版部、2007年。

(7) 綾屋紗月・熊谷晋一郎、前掲書、15-32ページ、76ページを参照。

(8) 同上、33-40ページを参照。

(9) 同上、43-48ページ、57-69ページを参照。

(10) 同上、179-185ページを参照。

(11) 同上、33-42ページ、101-124ページを参照。

(12) 綾屋紗月・熊谷晋一郎『つながりの作法——同じでもなく違うでもなく』NHK出版、2010年、73ページ以下を参照。

(13) 石原孝二編『当事者研究の研究』医学書院、2013年、202-205ページを参照。

(14) 石原孝二、前掲書、206-210ページを参照。

(15) 同上、138ページを参照。

◆ **基本文献案内**

　「話す」ということについて、哲学はその歴史の中でたえず論じてきたが、それと本来対になるはずの「聞く」については、ほとんど無視してきたと言っていい。ここではこの二つを一体のものとして考えるうえで、参考になるものを挙げておこう。

　「話す」－「聞く」の関係は、哲学において「対話」というテーマで論じられる。この方面の思想面での古典としては、**マルティン・ブーバー**の『**我と汝・対話**』（植田重雄訳、岩波文庫、1979年）がある。「我と汝」は、自我や主観性から出発する近代哲学を批判し、「我－汝」の関係を基礎にして人間の存在を捉えたブーバーの論考。「対話」はそれを相互関係において見ようとするもので、対話のさまざまな局面、種類について論じている。

　対話の実践面としては、フィンランドの精神科医ヤーコ・セイックラらが行なっている精神疾患の治療法であるオープンダイアローグがある。患者と家族、医者、看護師、その他の関係者全員で話をしながら、患者の思っていることや感じていることを共有する。そこで「話すこと」と「聞くこと」が心の病、ひいては心の安定にいかなる意味をもつかが臨床的に示される。入門書としては、セイックラ自身の論考と**斎藤環**による解説を収めた『**オープンダイアローグとは何か**』（医学書院、2015年）がいい。

　「話す」－「聞く」の関係、とりわけ自分の言葉によって受け止められることの根本的な意義を考えさせてくれるのが、本書でも詳しく取り上げた**綾屋紗月・熊谷晋一郎**『**発達障害当事者研究――ゆっくりていねいにつながりたい**』（医学書院、2008年）と**上岡陽江・大嶋栄子**『**その後の不自由――「嵐」のあとを生きる人たち**』（医学書院、2010年）である。この二つは、いずれも近年注目を浴びている「当事者研究」の成果である。さらにこの分野の出発点となる本として、「浦河べてるの家」による『**べてるの家の「当事者研**

究」』（医学書院、2005 年）を挙げておこう。

　拙稿の最初と最後で述べた「哲学対話」は、最近急速に広がりつつある哲学プラクティスの中心的活動であり、他者と共に物事の見方の前提を問うたり、視点を変えることで思考を深め広げていく。そこでも「話す」のと同じくらい「聞く」ことが重視される。哲学対話は、考える力を養うだけでなく、人間関係の土台を作るのにも役立つため、近年、哲学カフェや学校教育のみならず、地域コミュニティや会社や省庁などの組織の運営改善のためにも活用されている。**河野哲也『じぶんで考えじぶんで話せる　こどもを育てる哲学レッスン』**（河出書房新社、2018 年）と、**拙著『考えるとはどういうことか——0 歳から 100 歳までの哲学入門』**（幻冬舎、2018 年）が参考になる。

触れる

清水晶子

　触れる、ということ。何かが、別の何かに近づいて、そしてその両者が一瞬、あるいは長い時間、くっつくこと。触れることは、つまり、距離を詰めることと関係している。触れるものと、触れられるものとは、触れ「あって」いなくてはならず、そこには近接性がある。

　この近接性は、触れるものと触れられるものとがひかれあう時に、自動的にできてしまうものなのだろうか？　それとも私が、あるいはあなたが、何かが、近接性をつくり産みだすのだろうか？　近さがあたかもあらかじめ自然にそこにあるように感じられる時と、触れる意図をもって距離を詰める時、そして距離を詰められ触れられる時では、触れることの経験は異なるだろうか？　私たちは、誰かに触れたり触れられたりすることを通じて、穏やかな親愛の情を伝えたり感じ取ったりすることがある。もちろん、触れることは別の時には高揚感のある緊張と欲望を引き起こしもするだろう。そして時には、触れることは侵襲的な暴力となる。

　触れること、触れられることは、とてもパーソナルな身体的経験だ。けれども同時に、何かと別の何かとが接近することで導かれる接触は、しばしば、接近を——より正確には距離を——めぐる異なる二項間の力関係と政治とに浸透された経験でもある。

1 3.11 後の距離と断絶

 2011年3月11日の東日本大震災の時、私は仕事で海外にいた。タクシーの運転手から「東京で大地震だ」と教わり、けれどもその日はなすすべもなく、ホテルの部屋で地震、津波、そして東京電力福島第一原子力発電所事故のニュースを追い続け、その翌日だったか翌々日だったかに予定通り帰国した。東京出身で東京で暮らしており、しかも3月11日の本震を経験しなかった私は、ある意味では大震災の「その場」にはいなかった、とも言える。

 それでも、テレビが時々刻々と福島第一原発の現状を伝え、SNSで放射性物質の拡散予想図が出回り、街のあちら側には電気がついていてもこちら側は計画停電で闇に閉ざされている、そういう日々が続く中で、あの時に東京に住んでいた他の多くの人々がおそらくそうであったのと同様に私もまた、「場」についての通常より鋭敏な感覚を抱くようになっていった。自分がどこに置かれているのかについての——自分が特定の場にいるということ、ここにいて、ここではないあそこにはいない、ということについての——感覚。自分がいる「ここ」と、注意が向けられている、あるいは自分の友人や知人のいるさまざまの「あそこ」との近さや距離は、突然に、かつてないほどの重要性と緊急度をもつようになっていた。

 震災直後のこの時期は、たとえばTwitterに代表されるSNSの有効性や便利さが、もともとネットに親和性のある層を超えて広く喧伝され注目されはじめた時期でもあった。友人や家族との連絡が途絶えた人々、あるいは公的な発表や全国的なメディアをあてにできない状況にあって、ローカルな、最新の、正確な情報を必要としている人々が、SNSを通じて互いに「繋がる」ことで、情報や助言を共有したのである。そしてそれと同時に、主要メディアを通じた国家的な「絆」の強調、現在に至るまで公的な言説を支配するあの情

動的な要請も、開始されることになった。

　「繋がり」の感覚や「絆」の要請が高まる中で、すでに述べたようにこの時期はまた、土地／現場（locality）の違い、「ここ」と「あそこ」との距離が、日々の生活において決定的な意味をもつ時でもあった。私たちはこの時期、距離がもたらす不連続という特権性（あるいは少なくとも距離が不連続をもたらすという幻想をもつことの特権性）を、暗黙裡にしかし痛いほどに、実感していたのだ。迫りくる津波からの距離は文字通りその場での生死を左右した。交通網が切断され孤立した被災地域のいくつかは、その間、いわば埋めがたい距離をもって外界と隔てられることになった。福島第一原発からの距離は避難地区の決定を大きく左右し、そして福島を越え東北を越えて、人々は放射性物質の拡散図を眺め、次の爆発が起きたら、次に強い風が吹いたら、「ここ」と「あそこ」を切り離すだけの十分に安全な距離があるだろうか、と考えながら生活することになった。

　もちろん、事故を起こした原発から離れているということが、そのまま危険と完全に断絶した安全性を保証するわけではない。それでも、距離が安全を保証しないからこそなおさら、土地／現場の違い、「ここ」と「あそこ」との距離は、大きな──距離が断絶を保証するという幻想を可能にするほどに大きな──意味をもっていた。そして、交通が徐々に回復するにつれ、被災地とそれ以外の場、あるいは異なる被災地間を移動する人々がしばしば表明したのは、その両者が実際に「別世界」のようだという感慨だった。それはつまり、「ここ」と「あそこ」との距離（distance）というよりもむしろ両者の断絶（disconnection）の認識だったと言って良い。

　福島第一原発事故に関して距離が断絶（またはその幻想）へとこのように転化したことを考えるにあたっては、そもそも福島の原子力発電所それ自体が既存の社会経済構造と密接に関連した特定の「距離」を前提として形作られていたことを、思い出さなくてはならな

いだろう。福島が原子力発電所の設置場所として選ばれたのは、一方で東京に電力を供給しうるほどには近く、けれどもまた他方で首都圏の社会経済活動を直接に阻害したり脅かしたりしないと考えられる程度には遠い、東京と福島とのその距離感と無関係ではあるまい。それに加えて、事故を起こした原発から安全な距離を取ることができるのかどうかも、やはり既存のさまざまな社会経済的条件に大きく左右された——移動を可能にする資金の多寡、移動先で生活していけるのか、必要なケアやサポートのコミュニティが移動後も確保できるのかどうか。逆に、避難指示の出た地域の人々はそれらの可能性を考える余裕もなく移動をせまられることになった。いわば、社会経済構造によって「近すぎる」距離に置かれた挙句、事故が起きた途端に今度は距離を拡大しそれまでの生活を断ち切ることを余儀なくされたのだ。

　いうまでもなく、震災と原発事故によって甚大な被害に遭った地域から比較的距離のあるところにいた人々の多くは、早い時期から、物質的な、あるいは感情的な、あるいは情報における援助やサポートを被災地に届け、その距離を埋めようと試みていた。けれども、その人々が距離を縮めるかどうか、繋がろうとするかどうかを選ぶことができたのに対し、距離と断絶とのもう一方の側には、選択の余地はほとんどなかった。言い換えれば、3.11の後に浮き彫りとなった距離をめぐる問題とは、動きを封じられた一つの場と大なり小なり距離を操作する能力をもつもう一つの場との間の距離に関わるものだった。

　したがって、こう言うことができるだろう。ここで問題になっている距離とは、近づくこと（アプローチ）の不可逆性、ふたつの現場（locality）が互いに入れ替え不可能であることを、その特徴とするのだ、と。このようなアプローチの不可逆性は、しばしば政治的な作用の影響を受け、そして政治的に動員され利用される——とり

わけ、接近したり距離を詰めたりすることのできる力をもつ側が、その力を成立させている構造的不均衡を明確にしないままで、勝手に近づいたり距離を詰めたりしようとする時には。

2　東京オリンピックと距離の操作

　このような距離の操作がグロテスクな形であらわれた例として、2020年の東京オリンピック／パラリンピックの招致をめぐるキャンペーンを思い出したい。2020年のオリンピック／パラリンピックの招致運動は、福島、さらにより広く東北地方の「復興」のシンボルとして位置付けつつ繰り広げられた。復興言説はとりわけ国内での支持を取り付けるためには重要であったし、原子力利用をめぐる政策論争から「復興」を核とした国家統合へと世論を誘導するためにもオリンピック／パラリンピックは絶好のシンボルを提供したと言える。2020年東京オリンピック／パラリンピックのオフィシャル・サイト上の最初期のプロモーションページからは、オリンピック／パラリンピックのそのような位置付けが明確に読み取れる。[1]

　　ニッポン復活オリンピック
　　ニッポン復活パラリンピック
　　東京2020
　　東京のためだけではなく、私たちのニッポンのために。
　　ニッポンの復活のためのオリンピック・パラリンピックを、
　　　東京に。

　この情動的な統一の物語において、しかし、どこよりも「復活」や「復興」を必要としていた東北地方が日本を代表するものとしての東京に完全に吸収されてしまっていることに、注意しなくてはな

らない。東京で開催されるオリンピック／パラリンピックは、つまり日本で開催され日本を復活させる五輪であり、したがってそれは当然に東北をも復興させる五輪である、というわけだ。福島をはじめとする東北地方と東京都の距離、あるいはそこに感じられていた断絶は、ここではあたかも存在しないかのように後景へと押しやられる。「東京」を「日本」へとずらしていくいわば濫用的提喩によって、二つの現地の距離だけではなくその差異までが、まとめて消去されてしまうのである。

　とはいえ、消去された距離は特権のある側がそれを必要だと思う限りで回復され、断絶が再びうちたてられることになる。単に距離が消去されるというのではなく「操作」されているというのは、まさにそのためだ。東京2020の場合、招致委員会がまさしくこのような「操作」をやってのけたのは、開催地決定直前に福島第一原子力発電所からの汚染水の海洋への漏れ出しが報告された時だった。2013年9月4日のプレスカンファレンスで、招致委員会の竹田恒和理事長は、次のように述べて東京の安全さを強調しようとした――「（東京と福島は）ほぼ250キロ、非常に、そういう意味では離れたところにありまして、みなさんが想像するような危険性は、東京には全くないということをはっきり申し上げたい」。すでに述べたように、一方で招致委員会は福島を東京に代表される日本の一部であるとみなしていた。そこでは、福島と東京の距離は極限まで縮められ、ふたつの現場の間の距離も、両者の差異も、認識されていなかった。しかし同じ招致委員会がもう一方では、放射性物質による汚染の危険という点では東京と福島とのつながりを実質的に否定するところまで、ふたつの地点の距離と差異とを拡大するのである。そしてどちらにおいても、接近をするかしないか、距離を詰めるか取るかを決めるのは、一方的に、東京の側であった。

　このような操作はしばしば一方の現場の他方による収奪をまねく。

朝日新聞が2014年3月に行なった調査によれば、震災でもっとも被害を受けた岩手、宮城、福島の三県の市町村長の6割が、東京五輪は人的・物質的資源の東京近辺への集中を招き、地方で倒壊し破損した家屋の再建のコストを吊り上げるだろうと予想し、復興への逆風になると考えていた。「絆」や「日本をひとつに」などの呼びかけの裏で、東京は、福島と時に距離を取り、時に距離を詰めて、常に自らを利していく。より正確にいえば、東京から福島へのアクセスの一方向性こそが、東京が福島を収奪しつつもその収奪を距離と差異との操作を通じて隠蔽することを、可能にしていたのである。

3 触れることと触れられること

距離と差異とを恣意的に消去したり打ち立て直したりするこの一方向的な操作の政治性を念頭におきつつ、ここで、触れること、すなわち、ある現場と別の現場ではなく、ある身体と別の身体、あるいはある身体と何か別の物との間の物理的な距離を詰める経験へと、議論を進めてみたい。

2000年代に入ってから英語圏の文化理論の領域では「情動」が盛んにとりあげられるようになった。フェミニズムやクィア理論も、その例外ではない。「情動」が何を指すのか、そして何をするものなのか、どう作用するものなのかについて、領域を超えて広く合意された統一的な理解はいまだ成立していないものの、「情動」が個別の主体に閉ざされることなくそれを超えて作用し、したがって主体の境界を問い直すものであることは、ほぼ了解されていると言って良いだろう。すなわち、私たちは情動的な身体化を通じ、そして不可避的な相互依存性において、それぞれとつながり世界とつながっている。そのような情動的な相互依存性において、主体と客体、自己と他者、あるいは「わたし（たち）」と「彼ら」といった二分法

は、成立しない。

　まさにこのような、自他の二項対立的な区分を無効にする身体経験として、触感は、しばしば情動と、そして間主観性や相互接続性や非-個体性と、結び付けられてきた。フェミニズムやクィア理論の文脈で、触れることを自他の区別の溶解——あるいは自他の可逆的な相互浸透性と言っても良い——として論じた古典的な例のひとつは、リュス・イリガライの『ひとつではない女の性』における「触れあう唇」だろう[(2)]。屹立する男性器に象徴される「1であること oneness」、自律した個であることの偏重を批判するイリガライは、少なくとも二つの唇からなる女性のセクシュアリティをそれに対置し、その二つの唇のそれぞれはどちらも「1である」という同定を拒むものだ、と論じる。たがいに隣りあい触れあう二つの唇が指し示すのは、どちらがどちらに触れているのかわからず、触れているものと触れられているものを区別することのできない、すなわち、受動性と能動性とが交換可能なばかりかその区別が溶解していくような身体経験である。主体と客体との間の距離と区分とを要請する視覚的快楽に対し、イリガライは、自他の境界線を浸透させる触覚的快楽を、女性の快楽として称揚するのだ。

　ただし、イリガライがひとつの女性身体の異なる部位同士の間で生じる接触の経験を論じている点には、注意が必要である。「触れあう唇」は、わたしの身体とその外部との間で生じる接触ではなく、いわばわたしの身体を構成する異なる部位同士の接触について論じているのであり、このことは、触れるものと触れられているものを区別することができないというイリガライの主張において重要であろう。もちろん、対象に触れている時は必ずそれと同時に対象によって触れられてもいるということが、接触の経験の基本的な要素であることは、間違いない。そのような一種の交換可能な融合の感覚を接触の経験一般へと敷衍することも可能であるように思われる

かもしれない。とはいえ、自分が自分に触れる／触れられることと、自分が自分以外のものに触れる／触れられること、この両者は実際に同じものとして経験されるのだろうか？

　触れるという行為は、極めて日常的なものだ。そして日常生活においては、自分が自分と触れることと、自分が自分以外のものと触れることとは、異なった経験として認識されることのほうが多くはないだろうか。たとえば、触れあうもの同士の境界線が浸透し両者が融合するような感覚を想像するのは、わたしがわたしに触れる場合であれば比較的無理がないように思われる。それに対して、誰か別の人がわたしに触れるのであれば、どうだろうか。その接触が自他融合の感覚をもたらすこともあるかもしれないが、触れてくる他者を脅威と感じて拒絶しようとするわたしがまさにそれゆえに自他の区分を強烈に意識する、というケースもまた、容易に想像できるだろう。

　フェミニズム／クィア理論の研究者であるサラ・アーメッドは、自他の境界線の相互浸透ではなくむしろまさしくその境界線を浮かび上がらせるものとして、触れるという経験に注目する。アーメッドは、フロイトを経由しつつ、わたしの身体はわたしではない事物との痛みをもたらす接触を通じて感取される、と述べる――「そもそも『表面』が『そこにある』と感じられるのは、この身体と他の事物――他の身体を含む――との痛みをともなう遭遇を通じてである」。この時、痛みは「「わたし」の中にあって「わたし・ではない」なにものかとして感じられる」[3]。つまり、わたしの身体の輪郭は「わたし・ではないもの」との融合への痛みを通じて経験されるのである。その意味で、わたしの身体は確かに常に「わたし・ではないもの」になかば浸透されたものとして経験されているのだが、同時にその浸透はスムーズな境界線の溶解をもたらすものではない。アーメッドにとっての接触は、接続や浸透の経験である

と同時に、あるいはそれより前に、痛みと個別化、断絶の経験なのだ。これはまた、ジュディス・バトラーがメルロ゠ポンティを論じて、後者が触れることを自他の交換可能な融合的経験とみなしてはいないと指摘して述べる次のような観点とも、通じているだろう。

> 従って、触れることと触れられることとは相互的な関係ではない。触れることと触れられることとは互いを鏡のように映し出すものではないし、相互的な関係や円環を形づくりもしない。わたしはわたしが触れるように触れられるのではなく、この不一致はわたしにとって、そして触れることにとって、本質的である。〔…〕触れることから触れられることをわたしが常に切り離せるわけではないが、その両者を一つにまとめてしまえるわけでもない。(4)

触れることと触れられることは、相互的ではなく、可逆的ではない。接触が主客の交換可能な融合性、あるいは自他の浸透性をもたらすとする理解は、「わたし・ではないもの」との接触において前景化するある種の抵抗の経験を、時に過小評価してしまわないだろうか? とりわけ、距離の操作にまつわる力学とそれがいかに特定の収奪を可能にしていたかとを、あらためて思い出すとすれば、その時、自他の境界線を浸透し溶解させる接触の可逆性をそれほど無邪気に称揚することには、警戒が必要であるように思われる。

---

4 接触から身を引くこと

本稿の前半では、東日本大震災および東電福島第一原発事故からの「復興」と東京オリンピック／パラリンピック招致とを例として、二つの地点の間の距離を恣意的に減少させ消去させたり逆に増加さ

せたりする一方向的な距離の操作の力学に注目した。前節では、二者間の距離を詰めた結果としての触れるという経験が、一面では主客の交換可能性や自他の浸透性をもたらすものと理解されうるものの、反面、とりわけ距離の操作の力学を念頭に置くならば、そのような可逆的な浸透や溶解にあらがうある種の断絶の経験として理解されるべきでもあるだろうことを確認した。最後に、触れることの両義性を思考するための補助線として、山城知佳子の作品を取り上げたい。

　沖縄という場と密接に関連して制作される山城知佳子の作品のひとつの特徴に、触れるというモティーフがしばしば、そして繰り返し、出てくる点があげられるだろう。山城の作品には身体的接触に身を晒す女性がしばしば登場する。それらの作品における接触は、あたかも避けることのできない根本的な身体経験、世界と何らかの関係をもつための基盤のようであり、そして同時にどこか過剰でもある。触れることは、ちょうど良い適切な程度におさまる穏やかな経験としてではなく、ほとんど不可避的に過剰で、それゆえにしばしば恐怖や嫌悪に怯み、身を引く（recoil）感覚をもたらすものとして、描かれるのだ。

　たとえば2008年の《バーチャル継承》は、四方から伸びてくる無数の腕に絡め取られ抱き寄せられた写真家の顔を映し出す写真シリーズである。高齢者ホームを訪れて、彼女ら／彼らの戦争体験を聞くインタビューを行なった山城は、インタビューでは経験を十分に受け止められなかったと感じて、高齢者たちに自分に触れてもらうことで受け止め損ねたものを継承しようとする。ここに写し出された山城の顔に、接触の只中におけるある種の忘我を読み取ることは不可能ではないし、それは触れることを通じてしか獲得し得ない経験の継承であるのかもしれない。しかし同時に、薄暗い周辺部からあたかも胴体と切り離されて独自の生命をもつかのように伸びる

無数の腕に引っ張られ、あるいは窒息させられるように巻きつかれた彼女の歪んだ顔から、触れられることの不穏さ、接触の脅迫的で抑圧的な作用を感じ取らないでいることも、難しい。

　接触が内包する不穏当さは、映像作品《肉屋の女》(2012)でさらに特徴的に見てとれる。詩的な喚起力に富むこの美しい作品で、差し伸ばされてくる手ははっきりと破壊的な力を示唆している。フィルムの半ば付近で、タイトルにある「肉屋の女」はカウンターから手を伸ばして肉を要求する男たちに肉を切り分けて与えはじめる。ところが、彼女が肉を切り分け差し出すにつれて差し伸ばされる手は徐々に要求を強め苛立ちと切迫感を高めて、ついには男たちは軽いパニックの表情を浮かべた女を店から引きずりだし押しつぶして、おそらくは食べ尽くしてしまう。彼女にのしかかっていた男たちが立ち上がると、後には彼女の痕跡は何も残っていない。接触は、触れられたものを呑み込み食い尽くす抑圧的暴力なのである。

　これらの作品が描き出す接触の恐ろしさや抑圧性は、しかし同時に、個体性の避けがたさや自他融合に対する頑なな抵抗がもたらしたものとも言える。《バーチャル継承》における無数の腕が暴力的で侵襲的な恐ろしさを帯びるのは、戦争経験の主体であった高齢者たちがいわば経験の継承希望者である作家と完全には接合されず他者であり続けるためである。同様に、《肉屋の女》で描かれる接触が暴力に彩られているのも、触れられた存在が触れる存在とのスムーズな融合を拒否するとき、融合それ自体が暴力として経験されざるを得ないためだ。身体の境界線が「わたし・ではないもの」との痛みに満ちた接触を通じて感知されると述べるアーメッドのように、山城作品においても、これらの侵襲的な暴力がもたらす痛みは、触れるという身体経験の中で自他の境界線を確認することになる。つまり、彼女の作品における痛みは、他者の他者性が融合され消し去られることを拒絶しているしるしなのだ。

これがもっとも鮮烈に描かれるのは、2009年のヴィデオ作品《あなたの声は私の喉を通った》であろう。ここでも山城はある老人の戦争体験の継承を試みているのだが、この作品においては、画面上で老人の身体に山城自身の身体を文字通り重ねるという、いわば過剰な接触の手法がとられる。それによって、老人が戦争経験を語る声は、語りにあわせてリップ・シンクする山城の喉を通って出てくることになる。山城と老人とのどちらがどちらを呑みこんでいるのかは画面を見ている私たちにも定かではないとはいえ、ここで生じているのが二つの身体の幸福な共存や融合ではないことは、はっきりしている。画面上の二つの身体は決して完全には融合せず、老人の輪郭や鼻や口や目は後ろへと退いて薄れていくかに見えては再び表面へと浮かび上がって山城の顔に干渉し続ける。そのような過剰な接触が進行する中で山城／老人が戦争の経験を語り続けるうち、彼女の目には涙が浮かんでくる。

　この涙を、身体的な重ね合わせを通じて老人と同一化した山城が、過去の記憶のもたらす痛みを経験している、と理解することはもちろん可能である。しかし同時にまたこの涙を、今まさに統合されようとしている他者——けれども思うように統合されることなく頑なに他者としてとどまり続けている他者——からの抵抗がもたらす痛みとして考えることも、できるのではないか。言い換えれば、痛みは、他者を呑み尽くす融合的な接触に抵抗し、触れようとしていた手を引っこめさせて、他者を他者にとどめておこうとするのだ。

　つまり、山城作品における接触は、そのもたらす痛みにおいて統合に抵抗する他者を輪郭づけ、抵抗のもたらす痛みに怯み身を引く（recoil）自己の表面を出現させる。触れることには、触れること／触れられることの拒否、触れることから身を引く経験が、同時に含まれるのだ。接触の痛みは「わたし」を構成する「わたし・でないもの」のしるしであり、その避けがたく吸収しがたい他者性の輪郭

を描くものなのである。

---

5 触れることの痛みにとどまる

 だからこそ、触れることに伴う痛みや触れられることへの頑なな抵抗を軽視し、接触の相互性や自他の浸透的な融合だけを強調することは、倫理的な問題を孕みかねない。それだけではない。距離や差異の消去への抵抗、接触を通じて呑み込まれかねない側が融合の暴力から身を引き彼我の距離を保とうとする必要に注意を払わないことは、政治的にも問題が大きいだろう。東日本大震災と福島第一原発事故からの復興に関わる言説の例で見たように、そもそも接触の場それ自体が一方向的な距離の操作を通じた収奪を可能にする政治的な重力に満たされているとき、触れることのもたらす関係性に内包される痛みと抵抗とに注意を払うことは、極めて重要になる。

 とはいえ、それはもちろん、自他の距離を詰めてついには触れること、それによってなんらかの関係性や繋がりが生じること、それ自体の完全な放棄ではない。実際、繰り返し接触の痛みを描きつつも、山城知佳子の作品は接触を手放そうとはせず、むしろ、痛みをともなう接触の瞬間へと繰り返し繰り返し立ち戻ろうとしているように見える。接触のもたらす痛みに怯んで身を引きつつ、それでもなおもその痛みにとどまること。複数のものが近接して隣りあい、暴力的な統合へとなだれこみそうに距離が詰められていく中で、けれども決して融合に身をまかせることなく、痛みにみちた関係性の場にとどまること。山城作品は、触れることの倫理をそこに見いだしているのではないだろうか。

 あらゆる繋がりや関係を断絶して生きていくことができない以上、わたしたちは触れあわざるをえないし、触れていなくてはならない。そうだとしたら、あるいはそのために、私たちは触れることの痛み

にとどまらなくてはならないのだ。

註

(1) http://tokyo2020.jp/ オリジナルの Web ページは、批判を受けたのち、消されている。

(2) リュス・イリガライ『ひとつではない女の性』棚沢直子ほか訳、勁草書房、1987 年。

(3) Sara Ahmed, *The Cultural Politics of Emotion*, Routledge, 2013, p.24, 27.

(4) Judith Butler, "Merleau-Ponty and the touch of Malebranche", *The Cambridge Companion to Merleau-Ponty*, 2005, pp.181-205, 196.

◆ 基本文献案内

「触れる」という日本語の動詞それ自体については、それを接触することと考えれば、フェミニズムに限らず哲学あるいは文学において広範な議論のあるテーマである。またあるいは、「気が触れる」という表現を念頭に置くなら女性性と狂気というフェミニズムの重要な主題系へと踏み入れることもできるだろうし、「気が触れる」を「心が動く」意味で捉えるならば本稿では扱いきれなかった情動の問題としてあらためて接触をめぐる問い（英語で「私は触れられた」は「心を動かされた、感動した」という意味でもある）へと立ち戻ることも可能かもしれない。

本稿は、フェミニズム／クィア理論での議論を念頭に置きつつ、必ずしも有益でも好ましくもなく中立的ですらない身体経験としての「触れる」ことの政治性を中心に論じているが、それが「触れる」に関する議論の全体像でないことは、言うまでもない。それを確認した上で、ここでは本稿で言及した文献を簡単に紹介しておきたい。

リュス・イリガライの『ひとつではない女の性』（棚沢直子・中嶋公子・小野ゆり子訳、勁草書房、1987年）の原典は1977年にフランスで出版されている。哲学者であるイリガライは、ジャック・ラカンの下で精神分析を学んだのちにラカンの精神分析理論の男性中心主義を痛烈に批判し、ファルス中心主義的な体系の中でいかに女性性を表現し理解しうるかを探求した。他に依存することなく他から切り離されて自律した「1」としての個の偏重を、屹立したペニスだけに価値を認める男性中心主義と重ね合わせるイリガライは、それに対抗して「触れあう唇」の女性性を論じたことで、生物学的本質主義の批判も受けてきた。とはいえ、触れることから女性のセクシュアリティを論じた彼女の議論は、女性や非規範的・非典型的な諸身体の経験から身体とその政治を考察する際に、今なお重要な参

照点を提供している。

　ジェンダーに関する生物学的本質主義の批判で知られる**ジュディス・バトラー**も、イリガライを批判しつつフェミニズムにとってのその思想的重要性を評価してきた一人である。バトラーの身体についての議論はその多くを精神分析理論に拠っているものの、『**ジェンダー・トラブル——フェミニズムとアイデンティティの攪乱**』（竹村和子訳、青土社、1999年）から一貫して身体表面の成立における触覚の役割とその社会性、政治性に着目していることは、見過ごされるべきではない。その意味で、ヘーゲル研究から出発しつつフェミニズム現象学の影響も受けてきたバトラーがメルロ＝ポンティと「触れること」について正面から論じた「**メルロ＝ポンティと、マルブランシュにおける「触れること」**」（合田正人訳、『**現代思想**』vol.47-3、2019年。ただし本稿での訳文は翻訳には拠らない）は、「触れる」ことのフェミニズム的、クィア的な政治性を考える上でも、重要な論考である。

　フェミニズム現象学のバックグラウンドからバトラーの議論を引き受けた上で、それをより直接的な文化政治へと展開したのが、**サラ・アーメッド**である。『**感情の文化政治**』（*The Cultural Politics of Emotion*, Routledge, 2013）は邦訳が出ていないものの、情動論の流行を踏まえつつ、あくまでも個人の直接的経験として回収されることのない、他者へそして政治的な関係性へと身体を開く情動として、「痛み」と「接触」を論じるところから出発する。日常の感情や情動、身体経験を契機として、それらを抽象論としてではなく具体的な他者のいる具体的な政治へと開いていくアーメッドのスタイルは、「触れる」こととその痛みとを、イリガライやバトラーの議論が必ずしも直接的に言及することのなかった植民地主義や人種主義の問題にまで開くことを、可能にしている。

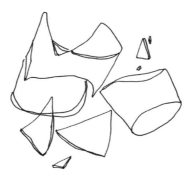

◆ 座談会
来たるべきことばのために　前篇

駒場は「現場」か？

中島　この本はもともと駒場で語られた講義録をもとにしています。駒場の知のある意味でのシンボルが1994年に東京大学出版会から刊行された小林康夫・船曳建夫編『知の技法』でした。先日、その小林康夫さんと話していたら、2010年代後半に新たな知のうねりがあったんじゃないか、とおっしゃっていて、この四半世紀の知のあり方の変化について考えさせられました。

石井　大学で培ってきた知のあり方に対する不信感が社会の各層で強まってきているという印象はあります。また東京大学の学内で見ても、もっと素朴に、現場感を取り戻そうという動きが、教員以上に学生にあります。

星野　よくわかります。

石井　たとえば駒場でも、学生をどこかに連れていく現場体験プログラムがたくさんあって、そこには結構な数の学生が集まって来ます。彼らは大学で学ぶことに飽き足りないものを感じているわけです。ただ、惜しいな、というか、残念だな、と思うのは、その体験の蓄積が特権化されていってしまう。「自分は実際のことを知ってるんだ、これこそが本当なんじゃないか」となっちゃう。そこで

中島隆博氏

体験したことをもう一度普遍化させることが必要で、その作業を本来は大学という場が担うべきなんですが、大学は送りだすこと一辺倒です。学生も体験を積むことに熱心で、社会的には「ボランティアした」「インターンした」「海外を見た」ということでプラスに評価されていく。そのことに一体どういう意味があるのか、という問い直しをするチャンスがないんです。この問い直しがまさに人文学だと思うんです。

中島 体験を概念化して、普遍化していく。その技法というのは何でしょうか。

石井 もう一回ちゃんと本を読むっていうことなんじゃないか。全く背景が異なる人たちが集まって、同じ本を一緒に読む。

中島 それは以前にもやっていたわけですよね？

石井 本当にやっていたんですかね（笑）。

中島 大学の多くの授業では、集団で一冊の本を読んでましたよね。

石井 教員が一定の方向性をもって読んでたんじゃないですかね。あえて極端に言うと、教員はいなくてもいいと思うんです。大学は場所を提供できればいい。教室がそういう場所になれば。

星野 「現場」に出るという感覚に対しては、両義的な気持ちが

ありますね。学生の満足度という意味では、たしかに現場は魅力的なフィールドかもしれない。何かを「やっている」という感覚が明確にありますから。けれども、そこでしばしば隠蔽されてしまうのが、大学もまたひとつの現場であるという事実です。この当たり前の事実が軽んじられる空気のなかで、従来の学問知に現場の実践知を対置する、つまり「理論」よりも「実践」を重視するという雰囲気が醸成されているように思います。とくにわたしはいま地方都市にいるので、「地域連携」や「社会貢献」といったお題目のなかで、大学が実益主義に動員されるという風潮には敏感にならざるをえません。

清水 実践知と学問知の対立という図式には非常に抵抗があります。わたしの専門分野で言うと、それこそ女性であるとか、性的少数者であるとか、それ以外だと障害といった問題について、当事者の知だったり、実践知という言い方をされやすい。しかし、そんな囲い込みをしてもなんにもならないよねっていうのは、もうすでに80年代には通過してきている。だから、その点については知のうねりという感じは実はあまりないんです。80年代の状況からあまり進んでいない、っていう感覚のほうが強い。

『知の技法』を逆から読む

中島 『知の技法』が出たとき、多くの読者が「なにか新しいことが起きた」という感覚をもったと思うんですが、どうでしょうか。

清水 わたしは『知の技法』は、もちろん「ああそういうのがあるんだ」とは思ってたんですけど、ほとんど影響は受けていません。同じものを見ているんだけど、逆側から見ていたというか。

中島 逆側から見ていた？

清水 90年代にわたしにとって非常にアクチュアルだったのは、

梶谷真司氏

80年代後半から90年代の英語圏のフェミニズムやポストコロニアリズムでした。制度から外れる可能性を説くこと自体の欺瞞性を踏まえたうえで、制度のなかで、しかもその制度が権力的であることを前提にして、なにをどう言うのかということを、フェミニズムやポストコロニアリズム、そして人種論は、やらざるを得なかった。そうした潮流が英語圏の人文系のメインストリームになっていたので、わたし自身はずっとそれを追いかけてきたっていう感じがあります。その点では、大きく知の地図が変わったという感じはしませんでした。

中島 根本的にはなにか新しいものがあるわけではない?

清水 わたしが見ていたなかでは、そうですね。

星野 少なくともある範囲においては、『知の技法』が領域横断的な (interdisciplinary) 知の土壌をつくったとは言えるのではないでしょうか。1996年に駒場の表象文化論・文化人類学・比較文学比較文化の3コースが超域文化科学専攻に統合されていますよね。これに象徴されるように、従来の専門領域に特化した=規律訓練型の (disciplinary) 学問のあり方に対して、90年代には「インターディシ

清水晶子氏

プリナリー」と呼ばれる領域横断的な学知が日本の大学に急速に広がっていった。ただ、それから20年経ったいま、わたしがよく考えるのは、現代にどうやって「ディシプリン」を再インストールするかということです。昔のような専門知に閉じた学問のあり方に回帰するのでもなく、かつ、ただ領域横断的な現場の「つまみ食い」に終始するのでもなく、そこからあらためて、どのように学問の「普遍性」を確保していけるのか。

清水 ディシプリンの起動っていうのは一面では、それはなにかがあったほうが得だよねというか、ないときついよねとは思いつつ、同時に、ディシプリンをもう一度戻すというときの戻し方が非常に怖いなとも思うんですよね。

星野 もちろん、ひとつ間違えると反動的な思想になりかねないので、そこは気をつけなければいけないと思っています。

清水 駒場が面白いのはこういうところなんだなってわかった、身をもって感じたのは、90年代の『知の技法』とはまったく違うかたちでやってきたと思っていたわたしが唯一、教員として専門でフェミニズムとかクィア理論とかをやっていいよ、と受け入れても

星野太氏

らえたのが、ここだった時なんですね。そして、インターディシプリナリーだからこそ、全く違うディシプリンのはずの同僚と、思いがけないところで接続できるし、話ができる。ディシプリンに戻る必要はあるんだけども、ディシプリンをひらこうとしたことのよさ、それによって可能になるものがあって、わたしは個人的にはそれは有り難かったんですよね。たぶんそういう試みがなければ、新しいかたちの、たとえば障害学でも、フェミニズムでも、それこそクィア・スタディーズでもそうなんですけど、既存のディシプリン、たとえば社会学のなかである特定の当事者について調べる、というかたちとは異なるアプローチがあるわけで、そこはやはり既存のディシプリンそのままではやりにくかっただろうと思います。

Indigenous なもの——うねりの底流

中島 『知の技法』は、当時の駒場の知のかたちを非常によくあらわした本だと思います。当時の駒場が抱えていた、ある種の「現

代思想」的な知のかたちがよく見えます。問題は、その後なにが起こったのか、ですね。わたしには、「知」のあり方、「知」の場所が相当変容してきたという感覚があります。いままで「知」として捉えられてこなかったテーマが前景化してきた。あるいは、いままで「知」と捉えられてきたものが、それはある種の構造が生み出したもの、ある種の「政治的なもの」が生み出したもの、ということで、批判されるようになってきた。『知の技法』の時代に提出されたものは非常に面白いのですが、ただ、それを支えてきた知の条件自体が変わってきた。そして、問い直されてきた。それがこの20年の状況だったのではないでしょうか。

梶谷 いままで広い意味での「知」というか、少なくとも学問的な知識の源泉とは思われていなかったものが内包しているダイナミズムは、僕の大きなテーマのひとつです。よく言われることですが、近代日本の学問や知識人は、ここをあまり問題にしてこなかったのではないか。

中島 簡単に言ってしまうと、「知の技法」ならぬ〈無知の技法〉みたいなことが、いま問われているのではないでしょうか。いままで「知」というかたちで捉えられてこなかったもの、「無知」と言われてきたもの、それをいまどう「知」として語りなおすのか。あるいは、もし「知」がさまざまな権力性や暴力性をもっているなら、どうは語らないのか。こうしたことが問われている、大きな状況にいるんじゃないか。

梶谷 江戸時代を反復している気がしないでもない。当時は中国に範をとった学問が行なわれていました。儒者ら知識人は当初、中国の学問が日本の実情にどれだけ合っているのかは考えなかった。しかし、いわゆる観念的な学問とは異なり、医学はその土地固有の生活知を無視できない。そこに上から無理やり押しつけてもうまくいかない。そのため、啓蒙書が出てくると、民間知を取り込んで、

石井剛氏

それを整備してまた概念化していくというダイナミズムが起こってきます。もともと「無知」だと思われている人たちのところに接近することで、「知」そのものが変容していったわけです。昨今の「役に立たない」人文学は、江戸時代の学問を繰り返している気がしてならないんです。

中島 まさに文化人類学を中心に起きている「インディジナス indigenous」なものへの注目ですね。インディジナスをどう訳したらいいかいつも悩むんですけど、「土着のもの」「在来のもの」「在地のもの」ですかね。ある種の生活知、皮膚感覚に根差した知に注目することが起きています。なぜかと言えば、かつての文化人類学が、西洋的な概念を対象にあてはめて斬ってきたところ、それが、対象とされた人たちからの反撃にあっているからです。当事者からの反撃と言ってもよいかと思います。それに対して、じゃあ、インディジナスなものをどう記述するのか。問いはそっちにシフトしてきている。そうじゃないとまさに、人文学は「役に立たない」わけですね。従来の地域研究も、地域をやっているように見せながらも、インディジナスなものに届かないような知の設定、知の枠組みをあ

てはめてきた。だから生活知が見えないという構造的な不可能性をもっているわけです。

梶谷　うねりは「当事者の反逆」にとどまりませんよね。

中島　ヨーロッパやアメリカの「地方化」も問題になってきています。

梶谷　ローカルになってる。

中島　欧米はいままで自分たちが「普遍」だと主張してきましたが、その地点から離れようとしているように見えます。それこそ『知の技法』の時には、依然として欧米は依拠すべきモデルだったわけです。でも、そこから相当状況が変わってきた。その中で、じゃあ、日本で、あるいは駒場で、どういう知にかかわっていくのかがすごく重要になります。欧米よりももっと近代的にやっていくのだというのもひとつ、地方化や地域化とは違う仕方で、インディジナスなものをちゃんと見る、というのもひとつですね。あるいは、この二つの潮流がつながる可能性もあります。（続）

　　　　　　　　　　　　2018年11月11日、東京大学東洋文化研究所

II　システムに抗して

知る

原和之

「知る」ということがもつ意味は、この半世紀ほどの間に大きく変わってきた。ところがその変化を、「知への愛」という名をもつ「哲学（フィロソフィー）」——すなわち西洋哲学——が捉えようとすると、そこにはその把握が届かない、一種の「盲点」とでもいうべき点があるように思われる。現代哲学およびその中で試みられてきた伝統的哲学の読み直しは、一般に「哲学（フィロソフィー）」に内在する限界の乗り越えの試みという側面をもっていたが、その試みの中では精神分析が一定の役割を果たしてきた。ここではまず、問題の「知」のあり方の変容がどのように理解されうるか、またそれを捉えようとする「哲学（フィロソフィー）」の「盲点」が、「現代哲学」によってどのように主題化されているかを見たうえで、精神分析のもたらす観点がそこでどのような寄与を果たしうるのかを考えてみることにしよう。

1 「知」の望ましさ——その二つの水準

はじめに現代における知のあり方の変化を述べた古典的著作、ジャン＝フランソワ・リオタールの『ポスト・モダンの条件』（1979年）を見てみよう。リオタールは、知識の流通形態の革命的な変化、交通手段やメディアの発達に続く情報機器の多様化の結果として、「知る者」であるわれわれに対する「知の顕著な外部化」が生じて

いると指摘した。ここで「外部化」とはすなわち、以前は知の習得が精神の形成（「教養（Bildung）」）と、さらには人格の形成と不可分であると考えられ、われわれの在り方、生き方と密接に関係していると考えられていたのが、そうではなくなってきたということ、知はむしろ売買の対象となり、また経済的な利益を生み出すかどうかという観点からその価値が考えられるようになってきたということだ。そして「そのいずれの場合でも、知は交換されるためのものとなる。知は、自らを目的とすることをやめ、その《使用価値》を失うことになるのである」[1]と彼は言う。

　リオタールはさらに、こうした「知の商業化」すなわち「知識が、その《精神形成》の価値あるいは政治的（行政的、外交的、軍事的）な重要性によって普及してゆくかわりに、貨幣と同じネットワークによって流通するという事態」が一般的になるだろうと予想する（『条件』19 ページ）。そのうえでリオタールは、知が生産力を左右する重要な商品として、世界的な権力抗争の重要なファクターになるだろうということ、さらにそこでは流通するメッセージが詳細かつ容易に解読しうるものでなくてはならないとする「コミュニケーションの《透明さ》のイデオロギー」が支配的になるだろうと述べていた（『条件』17 ページ）。

　40 年近く経った今、その有効性があらためて実感できる診断だが、転じて個々人の水準では、こうした「知の商業化」はどのように生きられたのか。

　知の商業化＝外部化について、リオタールはそれが科学の分野においてすでに顕著に進行しており、そのことが知を「生気を失った蒼ざめたもの」にしてしまったとしたうえで、これに引き続いて起きた「研究者、教師の士気低下」が最終的に、「六〇年代のすべての先進国社会において、研究者、教師を目指す人々、すなわち学生たちのもとで爆発した」と指摘していた（『条件』23 ページ）。つま

り1968年5月の出来事、いわゆる「五月革命」に至る変化の原因の一部を、研究者や教師といった、《知る者》すなわち知を担うとされている人々の心理的な要因に求めているわけだ。

　外部化された知が、「生気を失った蒼ざめたもの」となってしまう理由は、知が精神形成において果たすと期待されていた役割の縮小と関係づけて理解する必要がある。リオタールの言う「知の習得が精神の形成（Bildung〔教養〕）、さらには人格の形成と不可分であるという古い原理」のもとでは、「知る」ということによって自分が「変わる」ということを期待することができた。言い換えれば知はかつてそれがもっている変容ないし形成という効果ゆえに望ましいものであったのが、現代では売り買いされる商品という限りにおいて望まれるようになってきた。マルクスの言葉で言えば、「使用価値」ではなく、「交換価値」において望ましいものとなってきた。

　いわば「知る」ということに向けられた欲望のレベルで大きな変化が生じている、ということになるわけだが、この変化は一般に「知の欲望」を減殺する方向に働くものであるように思われる。

　まず、教育心理学の領域ではよく知られた、「アンダーマイニング（undermining）効果」と呼ばれる現象がある。これは学習への内発的な動機付けが十分にあるときに、外から報酬を与えると、かえってその動機付けがそこなわれてしまうという現象だが、この観点からいえば、知がもっぱらその交換価値において求められるという状況は、内発的な動機付けが維持しにくい環境を作り出すことになっていると言える。

　さらに、これが知の欲望の減衰ばかりか、知の拒絶、佐藤学氏の言う「学びからの逃走」[2]まで生み出すことになるメカニズムについて、現代日本の学校という文脈で興味深い見方を提出しているのが内田樹氏の『下流志向』[3]である。リオタールが指摘しているような水準とはいささか異なるが、教育の場面に生徒が知を購入する「消

費者」として参入するときに、彼を導く原理とは何か。それは等価交換であり、もっといえば、割高な買い物をしない、「賢い」消費者であるということである。ただその価格は内在的に決まっているのではなく、市場における交渉で決まってゆく。その際「買い手」の合理的な態度とは、（バザーでの交渉と同じように）あたかも商品すなわち知の価値（というよりむしろ無価値）を知悉しているかのように振る舞うということであり、したがってそれを欲望していないかのように振る舞うということだ。

　これに対して教える側はしばしば、商品＝知の価値や意味を、言葉を尽くして説明する、「売り手」の位置に置かれてきた。この関係の中で主導権＝決定権は「買い手」の側にある。ただしその決定は、売買の時点での「買い手」の判断能力を超えることができない。つまり彼にとって、自分に価値が分からない商品に対価を支払うというのは不合理な行動であるわけだが、その一方で何かを「知る」ということに関しては、その何かの価値を予め見通すことは構造的に困難である、という事情がある。とりわけその「知る」ことが、それまで自分がもたなかった物の見方、価値観を手に入れることに関わる場合にはそうならざるを得ない。結局のところ教育の場面で生徒が「賢い消費者」の立場に固執する限り、新たに「知る」ということの動機付けは得られにくく、そうして彼は変わる機会、成長する機会をシステマティックに失いつづける。それは結局「捨て値で未来を売り払うということ」にほかならないと内田氏は指摘している。

　知が従来とは異なったかたちで価値づけられるようになってきたこと。これと相関して、知がそれ自体価値をもつものであり、したがっておのずから求められるものである、ということがもはや自明の前提とはならなくなったということ。言い換えれば「知の欲望」を、いわば「この世でもっとも公平に配分されているもの」として

ではなく考える必要があるのではないかということだが、たとえば苅谷剛彦氏が、統計を駆使して描き出した教育の場面における社会階層ごとの意欲の差異、いわゆる「意欲格差社会」[(4)]は、その必要を実証的に示しているものだと言えるだろう。

2 「哲学(フィロソフィー)」の限界——「知への愛」の前提

 要するに「知への愛」を表立って問う必要があるのではないか、ということなのだが、最初に述べたとおり、この問題を哲学(フィロソフィー)のほうから問うにあたっては、不都合な点が一つある。哲学(フィロソフィー)において、人間が知を愛するということは、しばしば前提にされてしまっているのだ。

 古典的な例を見てみよう。プラトンはその対話篇『国家』において、人間の魂に「理知的部分」「気概的部分」「欲望的部分」の三つを区別し、そのいずれが支配的になるかで三種類の人間が出てくる、という議論を展開しているが、この「理知的部分」はのちに「学びを愛する部分(フィロマテース)」ないし「知を愛する部分(フィロソフォン)」と呼ばれていた。[(5)] こうしてプラトンの人間観では、その主要な構成要素のうちに、すでに知の欲望が数えられていることがわかる。

 さらにアリストテレスの『形而上学』の冒頭には、「すべての人間は、生まれつき、知ることを欲する」[(6)]という一文が置かれている。「知の欲望はすべての人間に備わっている」とする断言が、西洋哲学のいわば最初の身振りであるということ、このことの意味はけっして小さくない。知ることには、それ自体に喜びがともなうのであり、したがってそれ自体として求められる。知の欲望は結果として、あらゆる人間が備えているものとなる、というわけだが、現代哲学の中にはこの点を正面から問題視するものが出てくる。ジル・ドゥルーズは『プルーストと記号(シーニュ)』で次のように述べていた。「哲学の

おかす過ちとは、思考という積極的意志、真なるものへの欲望、自然な愛がわれわれのうちにあると想定してしまうことである。それで哲学は、誰も傷つけもしなければ動揺させもしない、抽象的な真理にしか到達しないということになる」[7]。知の営みを、自律的な意志や欲望といったものから考える限り、それはあくまで抽象的な、可能性の領域に留まることになるのであって、そうした把握は、ひとを傷つけたり動揺させたりするかもしれない、現実との出会い、その暴力性に根ざした、おそらくより切実な知のあり方には届かないものになってしまう。恋の競争相手(ライバル)の存在を示唆する記号(シーニュ)との暴力的な遭遇をきっかけに、嫉妬に駆られて真実の探求へと向かうことになった『失われた時を求めて』の主人公の例を念頭に、ドゥルーズはこう主張していた。

　知の欲望を前提することが、知が本来もっているはずの拡がりを縮減してしまうという指摘だが、こうした問題は、近代における「哲学(フィロソフィー)」のイメージを決定づけている哲学者ヘーゲルをめぐる議論の中で、また別の形ではっきりと現れてくる。

　ヘーゲルは19世紀の哲学者だが、20世紀に入って彼の『精神現象学』のラディカルな読み直しを試みたアレクサンドル・コジェーヴの『ヘーゲル読解入門』の中に、「哲学と知恵」という章がある。ヘーゲルの『精神現象学』は、人間の精神が、外界の感覚から始まって、その意識へ、さらに意識が自らを意識する自己意識へと進んでゆき、最終的には「絶対知」に至る成長の、あるいは「形成(Bildung〔教養〕)」のプロセスを描き出そうとする。上で見たリオタールが伝統的な知のあり方に言及する際に念頭に置いているのは、まさにこうした考え方であるわけだが、この最終段階にあらわれる「絶対知」を、コジェーヴは知恵(ソフィア)と読みかえ、それを実際に保持するに至った者である賢者(ソフォン)と、それ以前の知恵(ソフィア)への愛、渇望(フィリア)を特徴とする者、すなわち哲学者(フィロソフ)とをはっきり区別する。

コジェーヴによれば、ヘーゲルの描き出す精神の行程は、まっすぐに知恵へと至るように見えるけれども、その行程には自己意識——自分自身を意識する精神——が現れることとならんで、もう一つ隠れた前提がある。というのもヘーゲルは、「この**自己意識**が自然的、自発的に広がり、拡大し、人間にそして人間の中に与えられた実在の全領域にわたって広まる傾向があると仮定している[8]」からだ。ここで「追加された条件」とは他でもない、「知への欲望」である。ただ、そうした傾向があらゆる人に備わっているかどうか、あらゆる人が上で述べた意味での「哲学者（フィロソフ）」であるかどうかは、けっして自明ではない、とコジェーヴは指摘する。新たに生じた状況を、われわれは知ろうとしない、知りたがらない、ということがありうる。「自己を意識する人間でさえ、この意識の拡大に抵抗し、意識の中に閉じ籠り、すでに意識された範囲を踏み超えるすべてのものを無意識なもの（自動的なもの等）の中に投げ入れる傾向を有することもありうる」（『入門』141ページ）。そのときそうした人間は、ヘーゲルが描き出したような成長ないし「形成（Bildung〔教養〕）」のプロセス——いわゆる「弁証法」の運動——から逸れてしまうことになるだろう。

　さて興味深いことに、コジェーヴはこの脇道をすぐれて東洋的なものとして了解していた。自己意識が、人間の本質を開示し「知恵」へと向かう第一歩であるということを否定する——「自己意識は一種の病気にすぎない」あるいは「無意識的な人間も存在しており、彼らも意識的な人間と同じように人間的である」と主張する——ことは確かに可能であると認めたうえで、とコジェーヴは次のように言う。いわゆる絶対知の段階において、ヘーゲル的な人間＝哲学者は長らく求めていた知恵を手に入れて充足し、もはや欠けるところのない完全性に到達すると考えられていた。ただ、たとえばヒンドゥーの思想家は、そうした完全性＝充足に人間は夢のない睡

眠において近づくと考えていたし、仏教徒はいわゆる「涅槃」における一切の意識の根絶においてそれが実現されるとしていた。またニーチェが『悦ばしき知』で「中国人」と呼んだ理想、すなわち「自己の安楽を保証するものの中で、そしてそれによりすっかり「白痴化した」（用語の非ヘーゲル的意味での）「市民」の理想」を考えることもできる。知の欲望によって駆り立てられることなく、さらに「無意識」の中でその境遇に充足し、「自らの意志で自己自身との同一性に死ぬまで留まる」ような東洋的な賢者、無意識の賢者は現実に存在する（『入門』143-144 ページ）。われわれの観点から加えていえば、そうした賢者の現代的な形態が、上で見たような「賢い消費者」であるといえるかも知れない。

　ただ——ここにもう一つの問題があるのだが——そうした人々に対して、ヘーゲルはどんな働きかけもできないということになる。コジェーヴは次のように述べている。「ヘーゲルは、定義上、無意識の「**賢者**」に反駁することも、彼を「回心させる」こともできない。ヘーゲルは言葉で彼に反駁し、彼を「回心させる」ことしかできない。ところで、この「**賢者**」はいったん語り始めるか言説を聴き始めると、それだけでヘーゲルの理想を受け容れることになる。この「**賢者**」が真に在るがままの自己、すなわち無意識の「**賢者**」であるならば、彼はどのような議論をも拒否するだろう。そうすると、この賢者に「反駁する」ことができるとしても、それは事実や物や動物に反駁するように、つまりは彼を物理的に破壊することで反駁できるだけである」（『入門』144 ページ）。言い換えれば、『精神現象学』においては人間精神の変容のあらゆる局面が記述されているが、ただ一つ、知を愛さなかった者が知を愛するようになるという変容——コジェーヴの言い方を借りれば「普通の人間」が「哲学者〔つまり愛知者〕」となる変容——だけはそこから排除されている、ということに他ならない。

そしてここから帰結するのは、知の欲望を持つ者と持たぬ者の、そもそものはじめに存在する選別であり、コジェーヴによれば『精神現象学』という書物自体が、そうした選別の装置になっている。「一人の人間が『精神現象学』を読むことに決めたという事実は、その者が**哲学**を愛しているということを証明する。その人間が『精神現象学』を把握するという事実は、その人間が**哲学者**であることを証明する。なぜならば、それを読み、それを把握することによって、その人間は自己自身に関して有している意識を実際に増大させるからである。そのような人間は**哲学者**であり、自己に関心を抱き、**哲学者**でない他の一切の人間、すなわち——そもそも——『精神現象学』を読もうともせず、したがって自己意識を広げようともしない人々への関心を失う」(『入門』148 ページ)。

　ドゥルーズにしてもコジェーヴにしても、その議論から浮かび上がってくるのは、「知の欲望」という観点から見たときに、西洋哲学がもつある種の外部が浮かび上がってくるということだ。確かに西洋哲学には普遍への志向があって、これをもっとも徹底的に展開したのがヘーゲルだと言えるわけだが、しかしコジェーヴによればそのヘーゲルにおいてすら、哲学が知の欲望をもたない者を相手にしないこと、相手にすることができないことが明らかになる。より正確にいえば、知の欲望をもつ「哲学者」の「仲間」とそうでない人々——「普通の人間」や「無意識の賢者」などいろいろに呼ばれているが、要するに「哲学者以外の人間」——の間には明確な区別がある。なるほど「哲学者」の「仲間」の範囲は最大限に広く見積もられており、ヘーゲルの(ないし「哲学者」の)言葉を「聴き始めた」人は、あるいは『精神現象学』を手に取る人は、すぐさまその「仲間」の中に数え入れられる。また両者の間には、「普通の人間」が知ろうとしない「状況」の変化に、哲学者がその「意に反して」気づかせる、といった形での関係もある(『入門』145 ページ)。しか

し、「普通の人間」がどのようにして「哲学者」になるのか、という問いは問われることはないのである。こうしたいわば「非哲学者」ないし「無意識の賢人」の存在は、それがごく限られた数であったり、あくまで遠い外部に位置づけられていたりする間はさして大きな問題ではないとも言えるわけだが、しかしそれが社会の中に、たとえば「賢い消費者」といったかたちで大挙して入り込んでくると、これを無視するわけにはゆかなくなってくる。

　哲学者によってせいぜい意に反した気づきへと導かれてゆくにすぎないような、知の欲望をもたない人たち、単にそれを欠いている、というだけでなく、もとうとしない人たちをどうすればよいのか。精神分析の観点からは、もうひとつ別の関係の可能性が見えてくるだろう。

---

3 「知の欲動」の起源——精神分析の寄与

　よく知られているとおり、フロイトの精神分析は、19世紀の終わりにヒステリーと呼ばれる精神の病の治療法として出発した。それがこうした知の欲望の問題と、どのように関係してくるのかという点をまずみてみよう。

　精神分析の前提となっているのは、この病が身体ではなく、精神にその原因をもつとする、いわゆる「心因」の考え方である。具体的には、過去に経験した苦痛な出来事、心的外傷ないしトラウマがそうした原因だと考えられていた。もう少し踏み込んで言えば、そうした出来事の回想はそれ自体苦痛を生じるので、それを押さえつけようとする、いわゆる「抑圧」の力が働くのだが、しかしそれがけっして完全には成功せず、さまざまにかたちを変えて浮上してくるのが、ヒステリーの症状だとされていた。そうした症状と、原因となった出来事のつながりは、簡単には見通せず、それがそうした

知る　95

症状が続く原因となっている。しかしその関係が見通せるようになれば、つまり症状の「意味」が分かり、歪んだ回想としての症状が正しい（本来の）回想にとってかわるなら、症状は解消する。精神分析とはしたがって、症状の意味を患者に説き明かす「解釈」なのだ、というわけである。

　「抑圧」というやや硬い言い方をしたが、この症状の原因、患者を病気にしているものを、フロイトは要するに「知りたくないということ（Nichtwissenwollen）[9]」であると述べている。この観点から言うなら、精神分析の治療的介入とは、「知の欲望」の水準にみとめられる変調を対象とし、そこから生ずる障害を克服することを目指すものだ、ということになるだろう。

　さて、この問題に対するフロイトの対応は、はじめすぐれて（ヘーゲル＝コジェーヴ的な意味で）「哲学者」的であったと言える。つまり症状の解釈によって見いだされる過去のトラウマ的な出来事、これが症状の「意味」であり求められていた「知」であるわけだが、これが何なのかを患者に伝えさえすればよい、それが患者の「意に反して」促された気づきであり、患者がそれを受け入れようとしないとしても、それは「患者自身の咎なのだ」とフロイトは考えていた。知の欲望をもたない、知ろうとしない者への関心のなさ、ほとんど冷淡さ、と言ってもよいだろうが、これはコジェーヴがヘーゲル哲学の中に見いだした「哲学者」の姿と重なり合う。

　ただしフロイトは、そうした立場からなされた介入が必ずしも期待された治癒をもたらさないことに、比較的早い段階で気づいていた。フロイトが上で述べたような構想を展開した『ヒステリー研究』が出版されたのは1895年だが、その同じ年に見た夢を1900年の『夢判断』で報告する際に、彼は次のように述べている。「当時私はつぎのような意見を持っていた（のちにはこれが正しくないということがわかったのだが）、すなわち私の任務は、患者に現われた症

状の隠れた意味を患者にいってやるということで果されるわけであって、患者が成功の懸り存するこの解決を受入れるか受入れないかに対してまでは責任を持てない、というのである[10]。こうした考え方を「今では幸いにして克服することのできたこの誤り」と呼ぶフロイトは、やがて症状の解釈と並んで、その解釈を受け入れようとしない患者の「抵抗」を分析することを課題として掲げるようになる。これは要するに患者の否定的な「知の欲望」、すなわち「知りたくない」という欲望のレベルに介入し、そこに積極的な変化をもたらすということを目指すもののように思われるかもしれない。実際『ヒステリー研究』には、フロイトが「治療上の使命は、ただ患者をその気にさせるというところにしかない」と述べているところも見られる。ただ、フロイトが治療の場面を論じた、いわゆる「技法論」をこうした観点から読んでみても、あまり明確な見通しは得られない。そうした問題の立て方をするかわりに、かわってフロイトの関心の前面を占めているのは「転移」と呼ばれる現象への関心である。これは、患者が分析家との間で、自身の過去の愛情生活で重要な役割を果たした人物——父母や兄弟——との関係を再現するという現象で、フロイトはこれが分析の進展をしばしば阻害すると考えていた。

　精神分析の中で「転移」の問題は非常に重要だが、ここではこれに深く立ち入ることはせず、次の点を確認するにとどめよう。すなわちフロイトはこの現象が、そうした人物との間で過去において満たされなかった愛情要求が現在の人間関係において充足を求めることに由来すると考えた。そしてそれによって「転移」の問題は、人間の欲望すなわち「リビード」が成長の過程で辿る変転、いわゆる「リビード発達論」の文脈に置かれるようになったのである。

　一般に人間の欲望がそうした変転を辿るものであるとすれば、「知の欲望」も例外ではない。それはそもそものはじめから存在す

るのか、あるいはある時点で登場するのか。前者は「哲学〔フィロソフィー〕」のオプションだが、精神分析の議論では後者のオプションが優勢である。図式的にいえば、治療のためには、「知りたくない」から「知りたい」への転換を考えなくてはならない。ところでこの転換は、そもそも「知への欲望」が、どこかで生じたものであり、生じうるものであるときにはじめて可能になる。ではその範例は、どこに求められるのか。

　フロイトは、彼が「知の欲動（Wisstrieb）」と呼ぶものの始まりを、およそ2歳から4歳の間に位置づける。彼によれば、それは性の問題と深く関わっている。「精神分析によって明らかにされたところによると、子どもの知の欲動は予想外に早く、予想外に激しい形で、性的な問題に引き寄せられるのであり、性的な問題に対する関心によって目覚めると言えるほどなのである。このことから、知の欲動と性生活との関係は、特に重要なものであると考えることができる」[11]。とはいえ続いてフロイトが指摘しているとおり、「知の欲動」が初めて生ずるきっかけとなる「性をめぐる問題」ということで考えられているのは男女の性差ではないし、ましてや異性との恋愛問題といったものでもない。「子どもにとっては、弟や妹が生まれたり、生まれる可能性があるということは、自分の生存条件を脅かすような重要な問題である。子どもは、年下の子どもが誕生すると、両親の愛情や庇護を失うのではないかと恐れるのであり、そのために物思いにふけるようになったり、過敏になったりする。そして子どもが熱中する最初の問いは、男女の性差の問題ではなく、このような目覚めを促す出来事に相応しい問い、すなわち「子どもはどこから来るか」という謎である」。

　「知の欲動」の発生に愛が関係しているとするなら、それはまず子供にとって文字通り死活問題である、両親からの「愛情や庇護」の喪失への不安というかたちを取る、とフロイトは主張する。新参

の兄弟は、子供にとって両親との満ち足りた関係を掻き乱す招かれざる客であり、その闖入は両親からそれまでのような愛を得られなくなることを意味する限りにおいて、外傷的な出来事なのだ。そしてフロイトはのちに次のように述べていた。「この〔子供はどこから来るかという〕人生最初の謎かけは、神話や伝説のなかに散らばっている数え切れないほどの謎のなかで余韻を響かせているように思える。探究ということがすべてそうであるように、この問い自体も、生の必然によってもたらされた産物であって、それはあたかも、かくも恐ろしい出来事の再発を防止せよという切実な課題が思考に課されるようなものである[12]」。

　子供の探究はさまざまな制約のもとで進められ、またさまざまな障害に出会い、完全な答えを導き出すことができずに誤った説明を案出する。フロイトが「幼児の性理論」と呼ぶこれらの説明は、彼によれば、性差の無視、出産の排泄腔理論、性交のサディズム的解釈等の幾つかの類型的な特徴をもっている。フロイトはこうした主体にとっての「他者」の起源をめぐる幼児的な探究を、次のように評していた。「じつはこれらは例外なく、ある非常に奇妙な性格を共通してもっている。つまり、それらの性理論は、グロテスクなまちがいをしてはいるものの、そのいずれにも一片のまぎれもない真理が含まれており、誤りと真理が同居している点でそれらは、大人で言えば、人間の理解のまるで届かぬ森羅万象の謎を解こうとするときの「天才的」とでも称されるような試みに、どこか似通っているということである[13]」。ドゥルーズが示唆していたような、予め前提された「真なるものへの自然的な愛」ではなく、暴力や遭遇から余儀なくされる思考の生みだす知の一形態がここにはある。知の欲動はここでそれ以上遡ることのできない乗り越え不能な原理ではなく、それ自体別の欲動によって——性欲動によって、他者への欲望によって、愛によって、より正確にはその危機によって——条件づ

知る　99

けられている。この知の欲動は、与えられた乏しい知識や手段から一歩を踏み出すよう主体を促し、必ずしも現実との対応が定かでない、仮説的な、あるいは神話的な記号の領域へと踏み込ませるものと考えられている。

　フロイトの議論では、こうした知の欲動の発生的場面は、のちのリビードの発達の過程との関係がかならずしも明らかではないが、フランスの精神分析家ジャック・ラカンの議論は、リビードについて想定される発達の総体を、こうした知の欲動との関わりで整理する道を開いている。しかしこの点は理論の細部にわたるのでここでは措くことにして、最後に「知の欲望」を精神分析的な観点から考えたときに出てくる問題をいくつか取り上げてみることにしよう。

4　再び「哲学(フィロソフィー)」のほうへ

　人間は皆、知の欲望を持つ、と前提することから出発するのが「哲学(フィロソフィー)」であるとすれば、精神分析は神経症者にせよ子供にせよ、それがあらかじめ与えられていることが自明ではない人たちを相手にする。われわれがさしあたり手にしたこうした単純な対立の図式は、それが哲学と精神分析の双方にわたる問いの出発点となるとき、はじめて意味を持つだろう。

　そもそも「哲学(フィロソフィー)」が普遍的であるとした知の欲望と、精神分析がその生成という側面から問題にする知の欲望、そのそれぞれにおいて目指されている「知」は、果たして同じものだろうか。アリストテレスは知の欲望の普遍性を主張するにあたって、問題の知を感官による知覚、とりわけ視覚による知に準えて考えていたが、フロイトの考える子供にとって問題なのは、両親の愛を危うくするものの原因を知る、ということであった。なるほどアリストテレスにも、原因について知ることこそすぐれて知ることであるという考え方が

ある。ただそれが視覚と類比的に理解されていた知との間にもつはずの関係は、必ずしも明確ではない。またアリストテレスはそれを「驚異」に端を発し、いかなる「効用」とも無縁な営みとして位置づけていた。そうした「知」のあり方と、愛の探究における「外傷」的な経験に端を発し、その再発の防止という「課題」によって動機づけられている「知」のあり方との間の距離を測ることがここでは問題になる。

　さらにこれと関連して、もう一つ大きな問題がある。それは、はたして精神分析は「哲学（フィロソフィー）」の限界を乗り越える助けとなるのかどうかという問題だ。もし「哲学（フィロソフィー）」の外側におかれる人々と、精神分析が相手にする人々が重なり合うとするなら、精神分析が治療や発達の場面で記述しようとする知の欲望の生成変化は、「哲学（フィロソフィー）」の盲点にあたる部分を考える手がかりになるかも知れない。しかしもしそれぞれにおいて欲望されている「知」が完全に合致しないとすれば、両者の完全な重なり合いは自明とはほど遠いと言わざるを得ない。加えて、精神分析の議論の異なった契機において問題になる二つの生成変化を同じように考えてよいかという問題もある。治療的な介入が目指すのが、「知りたがらないこと」の水準における何らかの変化であると言えるにしても、それを果たして発達の過程における「知の欲動」の生成の繰り返しとして、同じロジックで考えることができるのかどうか。治療の場面において患者と治療者の間にしばしば成立する愛の関係、いわゆる「転移性恋愛」に注目することで、そこには一定の平行関係を想定することができるものの、この点はさらに掘り下げて考える必要があるかもしれない。たとえば、精神分析がもたらそうとする変化が、他者への愛の危機という外傷的体験を前提としているとしたときに、それははたして許容しうるコスト、治療のためにやむをえぬ侵襲であると言うことができるのかという、ある種の「正義」の問題がここでは提起されるだろう。

しかし「哲学(フィロソフィー)」の限界をめぐる問いにおける精神分析の可能な寄与を考える際に何より重要なのは、知の欲望の前提がもはや自明ではない人間に対して、精神分析がどのような働きかけをすると考えられているかという点である。

　上で述べたようなフロイトの構想に従うとすれば、症状の解消が生じうるためには、その障害となっていた「知りたがらないこと」の水準において何らかの変化が起きるのでなくてはならない。しかしその変化を、主体が「もたなかった」知の欲望を「もつようになる」こと、として理解してよいのかどうか。そうした捉え方は、治療を主体の一定のあり方への帰順として考えるという意味で、すぐれて規範化的な捉え方である。そしてもし精神分析がそうしたものであるとするならば、確かにそれは「哲学(フィロソフィー)」を補完するものとして、その限界を乗り越えることを可能にするものであると言うことができる。つまり、「哲学(フィロソフィー)」が届かない者、ヘーゲル＝コジェーヴ的な意味で「哲学者」でなかった者を「哲学者」に作りかえ、そうして「精神」の辿るべき唯一の歴史の中に組み込むことを可能にする技法であるということになる。人間の「非哲学的」な存在が東洋的なものと結びつけて考えられていたことを思い出すとすれば、そして「哲学(フィロソフィー)」がなにより西洋の伝統の中で規定されていたことを思い出すとすれば、そのとき精神分析の役割は、すぐれてヨーロッパ中心主義的であり、帝国主義的なものとすら言えるかも知れない。ただ、それは結局のところ、「哲学(フィロソフィー)」の限界を乗り越える乗り越え方の一つに過ぎないだろう。

　哲学(フィロソフィー)の目指す「知」を、優れて自己意識とする捉え方をヘーゲル＝コジェーヴはとっていた。この考え方は、哲学(フィロソフィー)の歴史の中を、古代ギリシャの「汝自身を知れ」にまで遡ることができる、自己認識の系譜に属している。ただ西洋の思考の歴史は、すべてこうした系譜に回収されてしまうのか。この点に異議を唱えたのがフランス

の哲学者ミシェル・フーコーであった。彼は最晩年の講義『主体の解釈学』で、古代ギリシャにおいて「汝自身を知れ」という掟が、より一般的な「汝自身に配慮せよ」という掟によって枠づけられていたという指摘から出発して、「自己認識」の系譜の傍らで脈々と続いてきた「自己への配慮」の系譜を描き出そうとした。フーコーによれば、これらは主体による真理の追究の、異なった二つのアプローチである。真理への到達を、もっぱら認識によるものと考える「哲学」のアプローチに対して、フーコーは主体の存在において何らかの変容を生じせしめることを真理への到達の条件として禁欲や浄化、修練等のさまざまな実践を行なうアプローチを「霊性(スピリチュアリテ)」の名で呼び、それが単に宗教的な実践に留まらない広がりをもつことを指摘する。「真理」を目指す限りにおいて、そこでもやはり「知る」という営みが問題になっているわけだが、この文脈で日本語が自然に連想させる「悟る」という表現も示唆するとおり、これはヘーゲル=コジェーヴが西洋の外に排除した東洋的=仏教的な「賢者」というあり方を、西洋の思考の伝統とけっして無縁ではないものとして、まさにその内部で考える手がかりとなる知見であると言える。さらにフーコーは、精神分析の内部でまさにラカンこそが、「霊性の最も一般的な姿であったあの〈自己への配慮〉をめぐる最古の伝統を、最古の問いかけを、最古の不安を実際に再出現させた[15]」のだと述べていた。

　こうして主体と真理の関係のもう一つのあり方としての「霊性(スピリチュアリテ)」というフーコーの観点は、自己認識を核とした哲学(フィロソフィー)の狭い自己規定の外部を、単に知ろうとしないことではなく、別様に知ろうとすることとして理解する道を開くものだと言える。そこでは当然のことながら知とその欲望の再定義が不可欠であるわけだが、精神分析が合流するまさにそうした道に、現代哲学はその展開の可能性の一つを見いだしているように思われる。

註

(1) ジャン゠フランソワ・リオタール『ポスト・モダンの条件——知・社会・言語ゲーム』小林康夫訳、水声社、1986 年、15-16 ページ。以下『条件』。

(2) 佐藤学『「学び」から逃走する子どもたち』岩波ブックレット、2000 年。

(3) 内田樹『下流志向——学ばない子どもたち 働かない若者たち』講談社文庫、2009 年、49-73 ページ。

(4) 苅谷剛彦『階層化日本と教育危機——不平等再生産から意欲格差社会(インセンティブ・ディバイド)へ』有信堂高文社、2001 年。

(5) プラトン『国家(下)』藤沢令夫訳、岩波文庫、1979 年、298-299 ページ[581A-B]。

(6) アリストテレス『形而上学(上)』出隆訳、岩波文庫、1959 年、21 ページ[980a]。

(7) ジル・ドゥルーズ『プルーストとシーニュ——文学機械としての『失われた時を求めて』』宇波彰訳、法政大学出版局、1984 年増補版、20 ページ。なお原文に照らして既訳を一部改変した。

(8) アレクサンドル・コジェーヴ『ヘーゲル読解入門——『精神現象学』を読む』上妻精・今野雅方訳、国文社、1987 年、141 ページ。以下『入門』。

(9) ヨーゼフ・ブロイアー、ジークムント・フロイト『ヒステリー研究(下)』金関猛訳、ちくま学芸文庫、2004 年、145 ページ。

(10) フロイト『夢判断(上)』高橋義孝訳、新潮文庫、1969 年、142 ページ。

(11) フロイト「性理論三篇」『エロス論集』中山元編訳、ちくま学芸文庫、1997 年、124-125 ページ。

(12) ジークムント・フロイト「幼児の性理論について」道籏泰三訳『フロイト全集9』岩波書店、2007 年、291 ページ。

(13) 同書、294 ページ。

(14) ミシェル・フーコー『ミシェル・フーコー講義集成11 主体の解釈学』廣瀬浩司・原和之訳、筑摩書房、2004 年、7 ページ。

(15) 同書、38 ページ。

◆ 基本文献案内

　フランスにおける1968年5月の出来事をうけて、世界各国で大学の果たすべき役割についての問い直しが進められたが、本稿の最初に参照した**ジャン＝フランソワ・リオタール『ポスト・モダンの条件』**（小林康夫訳、水声社、1986年）は、「知に関する報告」という原書の副題からもわかるとおり、もともとカナダのケベック州政府の大学協議会からの委嘱によって執筆された報告であり、高度資本主義と情報化という条件のもとで「知る」ということが蒙った変化と、とりわけその高等教育への影響を論じている。日本でも大学紛争の時期を経て、平成に入ると高等教育で「大学設置基準の大綱化」「大学院重点化」「国立大学法人化」といった制度改革が進められた一方で、初等中等教育ではいわゆる「ゆとり教育」が導入され、その功罪をめぐる議論は1999年秋にはじまる「学力低下」論争に発展した（**市川伸一『学力低下論争』**（ちくま新書、2002年））。本稿で言及した**佐藤学『「学び」から逃走する子どもたち』**（岩波ブックレット、2000年）はそこで観察された「知る」ということに対する態度の根本的な変化に、知識の詰め込みによって西欧先進諸国へと追いつくという「圧縮された近代化」の課題に応えようとした「東アジア型教育の終焉」を見て取り、「勉強」から「学び」への転換を提唱する。さらに、**苅谷剛彦『階層化日本と教育危機——不平等再生産から意欲格差社会へ』**（有信堂高文社、2001年）は、変化の可能な要因のうち「意欲」という要素に注目し、とりわけ社会階層の下位グループでいわば「知りたくない」という態度が固執される理由として、学校での成功物語から「降りる」ことが自己の有能感につながるというメカニズムを指摘した。**内田樹『下流志向——学ばない子どもたち　働かない若者たち』**（講談社文庫、2009年）はさらにこれを消費者としての経済行動という観点から解釈したものとして読むことができる。

本稿ではアレクサンドル・コジェーヴ『ヘーゲル読解入門』（上妻精・今野雅方訳、国文社、1987年）の議論を踏まえつつ、「哲学」の知への愛を前提とするという側面を強調し、その淵源としてプラトン（『国家』（藤沢令夫訳、岩波文庫、全二巻、1979年））とアリストテレス（『形而上学』（出隆訳、岩波文庫、全二巻、1959年））を参照したが、こうした「哲学」の規定とそれによって生ずる精神分析とのコントラストはもう少し繊細に組み立てる必要がある。例えば『国家』では「哲学」へ至る道が、地上的なものからより実在的で真実性のあるものへと眼差しを向け変えることとして描かれており、これは「知への愛」の生成の過程と見ることも可能だが、フーコーの『主体の解釈学』（廣瀬浩司・原和之訳、筑摩書房、2004年）では、この「向け変え」は哲学的な「自己認識」ではなく「自己への配慮」に属する実践として位置づけられていた（ちなみに同じ著者の『言葉と物』（渡辺一民・佐々木明訳、新潮社、1974年）は、16世紀以降ヨーロッパで「知る」ということを枠付けていた構造がどのように変動したかを示した認識論の古典的著作である）。また『形而上学』で知ることへの愛が視覚の愛好のほうから理解されようとしていたのと同様に、フロイトは「性理論三篇」（『エロス論集』中山元編訳、ちくま学芸文庫、1997年）で、知の欲動が窃視欲のエネルギーを利用して成立すると説明しているが、精神分析でこの視欲動はつねに、愛の対象の不在や重要な器官の欠如に由来する不安に動機づけられたものとして捉えられている。ドゥルーズはそうした遭遇ないしは暴力の経験との接点を文学のほうに求めつつ、そこから「哲学」の限界を乗り越える道を見いだそうとし（ドゥルーズ『プルーストとシーニュ』（宇波彰訳、法政大学出版局、1984年増補版））、フロイトは幼児の案出するさまざまな性理論（「幼児の性理論について」『フロイト全集9』（道籏泰三訳、岩波書店、2007年））に「神話や伝説」への反響を認めていたが、同様に文化人類学の領域で、神話を「知的な不安、

さらには生きていることの苦悩をしずめる」「解決にもならないひとつの解決」を提示するものとして位置づける議論として、**クロード・レヴィ＝ストロース『やきもち焼きの土器つくり』**（渡辺公三訳、みすず書房、1990年）がある。

　ラカンはもっぱら認識論のほうから考えられた「哲学」に対抗する精神分析の性格を強調して「反哲学」を標榜したが、**アラン・バディウ『ラカン——反哲学3』**（原和之訳、法政大学出版局、近刊）はこれをニーチェ、ヴィトゲンシュタインらにつらなる現代哲学の系譜の中に位置づけようとした。

分ける

石原孝二

　2018年9月、全米オープンテニス女子シングルス決勝で大坂なおみが勝利し、日本人で初めてテニスの4大大会で優勝した。大坂は次の4大大会である2019年全豪オープンでも優勝し、日本人・アジア人初の世界（WTA）ランキング1位の座を手に入れる。全米オープンでの大坂の決勝の相手は、米国のセレーナ・ウィリアムズであり、出産後初の4大大会優勝とマーガレット・スミス・コートが保持する4大大会優勝回数24回のタイ記録がかかっていた。全米オープン開始50年となる節目の大会でもある。ビリー・ジーン・キング・ナショナル・テニス・センターのコートの観客席は、母国での記録達成を期待する観客で埋まった。

　この試合とその後の出来事は、性別・ジェンダーと人種に関わるさまざまな議論を引き起こすことになる。この試合が、ビリー・ジーン・キングの名が冠せられた会場で行なわれたことに、奇妙な巡りあわせを感じざるを得ない。2018年全米オープンで起こった出来事の意味は、本稿の最後に検討することにしよう。以下では、ビリー・ジーン・キングをめぐる物語を中心的に取り上げながら、スポーツにおいて、とりわけ性別・ジェンダーと障害に関連して「分ける」ことの意味について考えていくことにしたい。

1 性別間の争い（1973年、キング vs. リッグス）

2018年の全米オープンの前年の2017年に「バトル・オブ・セクシーズ（性別間の争い）」（21世紀フォックス）という映画が公開されている（Faris and Dayton 2017）。「ラ・ラ・ランド」で2016年のアカデミー賞主演女優賞を獲得したエマ・ストーンがビリー・ジーン・キングの役を演じている。タイトルの「バトル・オブ・セクシーズ」は1973年にヒューストンで行なわれたキングとボビー・リッグスの間で戦われた試合を指す。この試合は、後に再び触れるように、女子テニスのプロツアーと女性運動一般にとって、「分水嶺となったイベント」である（LeCompte 2003:5）。

しかしこの試合は何とも奇妙な試合である。当時キングは29歳で、マーガレット・スミス・コートと女子テニスのトップの地位を争っていた。他方リッグスは1939年にウィンブルドン（全英選手権）のシングルスとダブルス、ミックスダブルスで優勝するなど、男子テニスのトップ選手であったが、当時55歳であり、シニアのツアーで戦っていた選手である。キングはなぜリッグスとの試合に応じたのだろうか。この奇妙な試合が実現した背景を探るためには、1970年代までのテニスの歴史を簡単に確認しておく必要がある。

近代テニスの歴史は1860年代のイングランドに始まり、1877年にはウィンブルドンの第1回大会が開催されている（Wilson 2014: chap. 2）。テニスの世界では、長らくプロフェッショナルとアマチュアが分離されてきた。全英選手権、全米選手権、全豪選手権、全仏選手権などのテニスの主要な大会は、1968年に「オープン化」が始まるまで、アマチュアのみが参加できる大会であり、プロ選手は大会から排除されてきたのである（Buddell 2018）。

ビリー・ジーン・キングは1966年、67年のウィンブルドン、67年の全米選手権、68年の全豪選手権、オープン化後の72年の

全仏、68年、72年、73年、75年のウィンブルドン(全英)、71年、72年、74年の全米オープンに優勝しており、オープン化前後の期間にわたって(マーガレット・スミス・コートとともに)トップに立っていた選手だった。キングは1970年の女子プロツアー(ヴァージニア・スリム)の立ち上げに参加し、1973年にはWTA(女子テニス協会)を組織したり、全米オープンにおける男女シングルス賞金額の同額化などの男女同権を求める活動を精力的に進めてきた(Ware 2011 : chap. 1; LeCompte 2003 : chap. 18)。

　他方、リッグスはプロフェッショナルが4大大会から排除されていた時代に現役選手としての時期を送った。リッグスは1941年に全米選手権二度目の優勝を果たしてからプロに転向し、1951年に引退する。1968年のオープン化以降は、シニア大会に出場することが可能となり、シニアのツアーに参加するようになる。リッグスはシニアの大会で目覚ましい成績を上げるが、当時盛り上がりつつあった女子テニスと比べ、シニアに対する注目の低さに不満をもち、スポーツ雑誌のインタビューなどで、自分はキングやコートに勝つことができると挑発を始めるようになる(LeCompte 2003 : 285)。

　キングはリッグスたちからの試合の誘いを当初は断っていた。キングには試合に応じるメリットが何もなかったからである(Ware 2011 : 4)。シニアの選手に勝っても女子テニスの価値が上がるわけでもないし、負ければイメージダウンになる。しかしキングの次に名前を挙げられたマーガレット・スミス・コートは試合を受けてしまう。そして1972年に行なわれたリッグスとコートの試合で、コートはあっさりとストレート負けを喫することになる。キングは、試合前から、コートが負けたら、女子テニスのイメージを保つためにリッグスと試合をせざるを得なくなると考えていた(LeCompte 2003 : 296)。キングはコート敗戦の結果を受け、リッグスと試合をすることを決意する。米国内外で大きな注目を集め、「テニスの歴

史の中で最も視聴された試合」(LeCompte 2003 : 3) となったこの試合は、キングの勝利によって幕を閉じることになる。

この試合は、「スポーツ」ではないが、プロ女子テニス界と女性運動一般にとって、「分水嶺となったイベント」であるとも評される。「スポーツ」ではない試合が、大きな「社会的・政治的なステートメント」(LeCompte 2003 : 5) になり得たのはなぜなのだろうか。

2 カテゴリー、ディヴィジョン、クラス、ポジション

「性別間の戦い」が、大きな社会的・政治的な意義をもつようになったのは、スポーツにおいては、本来乗り越えることができない区分をまたいだ試合であったからであろう。そのことを明らかにするために、ここでスポーツや競技一般における「カテゴリー」「ディヴィジョン」「クラス」「ポジション」という概念を導入することにしたい。これらの概念は、スポーツや競技、障害者スポーツにおいて一般に使われている言葉の意味に基づいているが、本稿では、以下のような、独自の定義のもとで使用する。

カテゴリー：特定の種目の競技者、チームを性別や年齢などによって分類する単位。異なるカテゴリー間での試合は（エキシビションや練習試合を除いて）成立しない。

ディヴィジョン：特定の種目の競技者、チームを能力・成績によって分類する単位で、カテゴリーの下位分類。異なるディヴィジョン間での試合は行なわれることがあり、その結果によって、競技者、チームが所属するディヴィジョンの変更が行なわれる場合がある。

クラス：パラリンピックに代表される障害者スポーツの大会等に

　　　　　　おいて特別に利用される分類単位であり、何らかの
　　　　　　障害もしくは機能水準を分類の根拠とすることを特
　　　　　　徴とする。
　　　ポジション：プロフェッショナルとアマチュアの区分。アマチュ
　　　　　　アの競技空間からプロフェッショナルが排除される
　　　　　　場合と、両者に「オープン」な競技空間がつくられ
　　　　　　る場合がある。

　カテゴリーとディヴィジョンの例として、日本のプロサッカーリーグと将棋を挙げておこう。
　プロサッカーリーグでカテゴリーに相当するのは、日本プロサッカーリーグ（Ｊリーグ）と日本女子サッカーリーグ（なでしこリーグ）[1]の間の区分である。また、Ｊリーグ、なでしこリーグ内でも、世代・年齢によって参加制限があるアカデミー（Ｊリーグのユース、ジュニアユースなど）は、カテゴリーが異なると考えられる。
　将棋に関しては、日本将棋連盟[2]における区分が相当する。将棋連盟では、「棋戦」と「女流棋戦」、そして年齢制限のある「奨励会」の区分が設けられている。
　ディヴィジョンの例となるのは、Ｊリーグ内のJ1/J2/J3/JFL、なでしこリーグの１部/２部/チャレンジリーグの区分であり、将棋の名人戦・順位戦Ａ級〜Ｃ級２組である。
　クラスの例は、国際パラリンピック委員会が作成している「クラス」である。このクラスは性別に加えて障害の種類や機能制限の水準によって設定され、クラス分けのための明確な基準がつくられている（IPC 2015）。
　ディヴィジョンの設定は、比較的力が接近している個人・団体をグループ分けし、競い合わせることで、競技性を高めることを目的としていると考えることができる。個人・団体は、属性によって一

定の基準にもとづいた成績評価によって所属するディヴィジョンが決定されている。

　他方、カテゴリーの設定の理由を説明するのは少し難しい。なぜディヴィジョンだけではだめなのか。年齢制限によるカテゴリー分けは、競技性を高めるためと育成目的という理由で説明できるように思われるが、性別によるカテゴリー分けはなぜ必要なのか[3]。

　一つ考えられる（消極的な）理由は、安全性を確保するためということであろう。ボクシングや柔道などの格闘技において体重別の階級が厳格に定められているのは、競技性を高めることに加えて、安全性を確保するねらいがある。体重差が大きすぎる個人が格闘技において闘うことは危険だ。性別によるカテゴリー分けについても、身体的条件が違いすぎる個人・団体同士による試合が危険となりうるから必要であると考えることは可能だろう。

　もう一つの（積極的な）理由は、身体的条件が大きく異なるグループは、そのグループごとに競技空間を作るべきである、ということが考えられるだろう。スポーツと競技の意義が、人間の能力の発揮とその鑑賞にあるとするならば、身体的な条件が大きく異なる場合、身体的条件に基づくカテゴリー分けを行なったほうが、その意義を実現しやすくなるのではないか。性別によるカテゴリー分けも、体重別階級も、この観点からその必要性を訴えることが可能だろう。

　障害者スポーツにおけるクラス分けの必要性も、カテゴリー分けの消極的な理由と積極的な理由によって、説明できるかもしれない。身体的な条件が大きく異なる個人・団体がスポーツ競技を行なうことを防ぎ、安全性を確保するという消極的な理由と、身体的条件が近い者同士が競技空間を作るという積極的な意義があると考えられるだろう。

　米国では、1972年に合衆国連邦の資金を受け入れた教育プロ

分ける　113

グラムにおける性差別の禁止が法的に定められている (Title IX)。Title IX 導入以前の 1971 年では、高等学校における女子選手の割合は 7% に過ぎなかったが、2001 年には 41.5% まで上昇している (Ware 2014)。スポーツ競技の機会を平等に与えることが教育における義務として考えられるようになったのである。教育に限らず、また、性別に限らずあらゆる人にとって、スポーツ競技に参加することが権利であり、公的な機関やスポーツ団体はその活動を保障する責任をもつと考えるのであれば、公的機関やスポーツ団体は性別や障害の有無にかかわらず、あらゆる人のスポーツ競技への参加を保障する必要があることになる。性別や障害の有無・程度、体格などの身体的条件が近い人たちを区分するカテゴリー分けが競技性を成立させるために必要であるならば、カテゴリー分けは必須の作業であるということになるだろう。

また、競技性を成立させるために、「ポジション」の区別も必要になる場合がある。ポジションの区分は、スポーツ・競技を行なう上での社会的生活環境の違い（属性）を指し、具体的には、スポーツ・競技に時間的・経済的資源を十分かけることができるプロフェッショナルと、他の社会的生活を継続し、時間的・経済的資源に大きな制約があるアマチュアとの違いを指すものである。

「性別間の争い」は、本来試合が行なわれることのない、成年女子とシニア男子という異なるカテゴリーに属するキングとリッグスの間で行なわれたものである。それは、「スポーツ」であってはならなかったが、リッグスたちは、この試合の意義を男女同権運動と結びつけることによって、大きな社会的注目を集めることに成功した。リッグスは、敢えて男性至上主義的なふるまいを見せ、キングもそれに応えた。「性別間の争い」では、キングはクレオパトラに扮して登場し、リッグスは、子豚を贈られた（豚は男性至上主義者の象徴だった）。そうした演出は、現実における男女同権運動をめぐ

る緊張を和らげる役割を果たしていたと考えることもできる（Cf. LeCompte 2003: 333）。

　リッグスにとってはまた、「性別間の争い」は、シニア男子カテゴリーがプロフェッショナルとして活躍できる場であることを示すためのものでもあった。男子のトッププロに力が及ばない女子プロのカテゴリーがプロフェッショナルとして独自の価値をもつのだとすれば、シニア男子カテゴリーも相応の価値をもつべきであることを示そうとしたと言えるだろう。

3　評価・報酬と注目される権利

　上述のように、ビリー・ジーン・キングが男女同権の重要な課題として掲げていたのが、男子テニス優勝賞金と女子テニス優勝賞金の格差だった。全米オープンが開始された1968年の全米オープンの賞金額は、男子が14,000ドル、女子が6,000ドルであったが、1973年以降は、男女同額になっている[4]（なお全豪オープンは2001年、全仏オープンは2006年、ウィンブルドンは2007年から男女同額になっている[5]）。キングたちが男女同額の賞金を勝ち取ったのは、女子テニスの市場的価値を認めさせることによってであった。そして女子テニスの市場的価値の創出に決定的な役割を担ったのがタバコ会社のフィリップ・モリス社だった。

　フィリップ・モリス社は、1968年にヴァージニア・スリム（Virginia Slims）の発売と広告を始めるが、その広告戦略は、女性性の強調と、当時高まりつつあった女性運動のイメージとリンクすることを意識していたとされる（Department of Health and Human Services 2001）。フィリップ・モリス社は、1970年からキングたちが参加した女子テニスプロツアーのスポンサーとなるが、フィリップ・モリス社にとっても女子テニスへのスポンサーシップは広告戦略上重要な

分ける　115

位置を占めていた。1971年1月には、米国ではTVでのタバコの宣伝は禁止されることになるが、その後もヴァージニア・スリムのツアーはTVで取り上げられた（ibid.）。タバコ会社によるスポンサーシップには当初から批判があり、1990年にはUS Secretary of Health and Human Servicesは、タバコ会社によるスポーツへのスポンサーシップの解消を求めたが、キングたちは、企業側を擁護する発言を行なっている（ibid.）。

米国の女子テニスにおいては、フィリップ・モリス社の広告戦略にマッチし、強力なサポートを得たことが、全米オープンにおける優勝賞金の同額化に寄与したことは否定できない。経緯がどのようなものであれ、市場的価値が創出されたことが報酬による評価の平等へとつながっていったと言える。

カテゴリーごとに報酬額が大きくことなることは珍しくない。性別カテゴリーで考えると、カテゴリー間で報酬額が同水準であるほうが珍しい。リッグスがキングたちに「性別間の争い」をもちかけたのは、女子テニスと男子シニアテニスのカテゴリー間の格差に不満をもってのことだった。カテゴリー間の報酬水準の大きな違いは差別的なのだろうか？　平等を目指すべきなのだろうか？　それとも市場的価値に依存すべきものなのだろうか？

健常者と障害者の間にも、報酬額の大きな差がある。全米オープンテニスでは、2005年から車いす部門が設けられている。2018年の全米オープンの男女シングルス優勝賞金はともに380万ドル（約4億2000万円）だった。全米オープンのウェブサイトには、シングルス、ダブルス、混合ダブルスの賞金額は掲載されているが、車いす部門の賞金額はいくら探しても出てこない。ウィンブルドンの2018年の賞金額では、男女シングルス優勝額が225万ポンド（約3億2500万円）であったのに対し、車いす部門シングルスは4万ポンド（約577万円）であったとされる[(6)]。ウィンブルドンの車いす部

門の賞金額は比較的高いとされているが、それでも実に56倍以上の開きがある。

賞金の差は競技人口・鑑賞人口の差によって正当化できるかもしれない。2018年のウィンブルドンの男子シングルスの場合、本選出場は128人だが、予選にも128人が出場している（予選から本選に進むのが16人なので、出場者数は240人ということになる）。車いす部門の出場者数は8人である。出場者数の比率だけで30倍ということになるが、プロ選手や競技者の人口比、鑑賞者数にはもっと大きな差があるだろう。

もちろん、市場的価値によってのみ競技の評価を決めるべきではない。車いすテニスや障害者スポーツに関しては、市場的価値以上に報道・放映される機会が多いように思われる。そのことは、「注目される権利」とでもいうべき概念を導入すれば説明できるかもしれない。スポーツや競技が身体的・知的能力を発揮するために行なわれ、それ自体が意義をもつとともに、何らかの個人的・社会的効用をもつのであれば、スポーツや競技への参加はエンカレッジされるべきであろう。特定のスポーツや競技に参加する一定の集団や、特定のカテゴリーやクラスのもとにスポーツ・競技を行なっている個人・団体は、ある程度は注目される権利をもつと言えるのではないか。

4　能力による区分と身体的条件による区分

カテゴリーとクラスによる区分は身体的・発達的条件に基づく区分であると言える。カテゴリーは性別および年齢による身体的・発達的条件の違いによる区分が中心であり、クラスは、障害・機能制限を基盤とする身体的条件の違いによる区分である。他方、ディヴィジョンは、能力の違いによる区分である。ディヴィジョンが、競

技性を高めるための工夫であるとすれば、カテゴリーとクラスは、特定の身体的条件を共有する集団の競技空間を作り上げるものだと言えるだろう。

　身体的条件を共有する集団をどのように分類するのかは、時として難しい問題を提起する場合がある。障害者スポーツにおけるクラス分けはこの問題を常に抱えている。障害・機能制限の種類や程度は千差万別であり、どのような機能不全を基盤としてクラス分けを行なうのか、どのような程度において、クラス分けを行なうのかを明確な基準をもって決めることは容易ではない。

　他方でまた、性別によるカテゴリー分けも、しばしば大きな議論を巻き起こしている。最近最も議論されている事例は、近年の世界陸上やオリンピックでの女子中距離競技で複数の金メダルを獲得してきた南アフリカのキャスター・セメンヤ（Caster Semenya）のケースである。セメンヤはテストステロン（男性ホルモンの一種）の分泌量が多くなる hyperandrogenism（アンドロゲン過多症）であるとされる。[7] IAAF（国際陸連）は、2018年に、400メートルから1マイルの中距離走に関する Female Classification の規制（IAAF 2018）を作成した。この規制では、DSD（性発達上の差異〔性分化疾患〕）をもつ女性もしくはインターセックスの選手で、5 nmol/L 以上の血中テストステロン濃度がある場合には、6か月以上にわたり血中テストステロン濃度を 5 nmol/L より低く抑え、その状態を維持しなければならないとされた。

　IAAF は、この規制は、選手の性・ジェンダーアイデンティティの問題には関わらないとしている。テストステロン濃度は身体能力を高め、また、5 nmol/L 以上のテストステロン濃度は、DSD もしくは腫瘍によってのみもたらされるものであり、女性の一般的な身体的条件のもとでは生じ得ないレベルであるため、女子競技の公平性を確保するために、こうした規制を作成したのだとしている。[8] 性

別に関する身体的条件の違いをテストステロン濃度によってカテゴリー分けできるか否かはもちろん自明ではないが、インターセックスをもつ競技者の性・ジェンダーアイデンティティの問題に踏み込まないための工夫だと IAAF は考えたのである。

セメンヤにおける DSD のケースは、障害が関わっているという視点から言えば、「カテゴリー」に障害の問題がからむ特異なケースである。「クラス」は、障害や機能不全が、競争に不利であることを前提とした競技空間の区分である。他方、DSD のケースは、障害が競技における有利を作り出している事例となっている。

また、障害をカバーするための技術が競技において有利を作りだすこともあり得る。義足を利用する競技者がオリンピックや世界陸上選手権に出場できるか否かが争われたピストリウス（現在殺人罪の有罪判決を受け服役中）のケースはそうした問題に関わっている。IAAF は、競技において有利に働く「ばねや車輪その他の要素を含む器具」を使用することを禁止している。ピストリウスの場合は、IAAF によって委託された研究チームの研究によって、ピストリウスの「ブレード」は有利に働くものとされたが、ピストリウスの提訴を受けてスポーツ仲裁裁判所（CAS）は、ピストリウスの出場資格を認めた。[9] この問題は、「カテゴリー」と「クラス」の間の境界を超えるものであり、より錯綜した問題を提起している。

5　2018 年全米オープン（ウィリアムズ vs. 大坂）——属性の価値

2018 年の全米オープン女子シングルス決勝に戻ろう。この試合は、国籍、人種、性別に関わる問題を、さまざまな仕方で示していくことになった。この試合は、表彰式の異様さという点において、人々の記憶に長く残るものになるかもしれない。表彰式では、司会が表彰式の開始をアナウンスした瞬間、会場を包む大きなブーイン

グが巻き起こった。このブーイングは、審判への激しい抗議と暴言でポイントとゲームを没収した審判のジャッジと大会の運営者に対する抗議を示すものだった。母国での4大国際大会優勝回数タイ記録の達成を期待していた観客にとって、審判のジャッジは受け入れがたいものだったのだろう。

　ウィリアムズは試合後の会見で、審判のジャッジが性差別的だと発言した。男性の試合では、同じようにはペナルティを与えていないと主張したのである。男女の試合におけるそうした「ダブルスタンダード」が存在するのかどうかが議論となり、ビリー・ジーン・キングはウィリアムズの発言を擁護する内容を公式のツイッターでつぶやいている。

　日本人にとって、全米オープンテニス女子決勝は、性別・ジェンダーに関わる問題だけでなく、国籍や障害、人種に関わる分類を意識させるものともなった。大坂はハイチ系米国人の父親と日本人の母親をもち、日本（大阪市）に生まれたが、幼少期に米国に移住し、生活と活動の拠点は現在でも米国にある。日本と米国の二重国籍をもち、テニス選手としての登録は、日本を選択している。日本人として初めての優勝者であると同時に、日本と他の国籍との二重国籍者としての初めての優勝者であることになる。しかし、大坂が全米オープンテニスにおける日本人初の優勝者であるという表現は実は正確ではない。国枝慎吾は、車いす男子シングルスで2007年から7度の優勝を飾っている。上地結衣は車いす女子シングルスで2014年と2017年に2度優勝している。しかし新聞では、大坂が「シングルスでは日本勢初の四大大会制覇を遂げた」と報じられている。

　人種の問題に関しては、オーストラリアの新聞が掲載した、ラケットを破壊するウィリアムズの風刺画が人種差別的・性差別的ではないかという批判が投げかけられた（Australian Press Council 2019）。

郵便はがき

１０１-００５２

おそれいりますが切手をおはりください。

東京都千代田区神田小川町3-24

白　水　社　行

購読申込書

■ご注文の書籍はご指定の書店にお届けします。なお、直送をご希望の場合は冊数に関係なく送料300円をご負担願います。

書　名	本体価格	部　数

★価格は税抜きです

(ふりがな)
お　名　前　　　　　　　　　　　(Tel.　　　　　　　　　)

ご　住　所　(〒　　　　　　　)

ご指定書店名（必ずご記入ください） Tel.	取次	（この欄は小社で記入いたします）

『ことばを紡ぐための哲学』について　　(9673)

■その他小社出版物についてのご意見・ご感想もお書きください。

■あなたのコメントを広告やホームページ等で紹介してもよろしいですか？
1. はい（お名前は掲載しません。紹介させていただいた方には粗品を進呈します）　2. いいえ

ご住所	〒　　　　　　　　　　　　電話（　　　　　　　　　）
（ふりがな） お名前	（　　　　歳） 1.　男　2.　女
ご職業または 学校名	お求めの 書店名

■この本を何でお知りになりましたか？
1. 新聞広告（朝日・毎日・読売・日経・他〈　　　　　　　　　〉）
2. 雑誌広告（雑誌名　　　　　　　　　　　）
3. 書評（新聞または雑誌名　　　　　　　　　　　）　4.《白水社の本棚》を見て
5. 店頭で見て　6. 白水社のホームページを見て　7. その他（　　　　　　　　）

■お買い求めの動機は？
1. 著者・翻訳者に関心があるので　2. タイトルに引かれて　3. 帯の文章を読んで
4. 広告を見て　5. 装丁が良かったので　6. その他（　　　　　　　　）

■出版案内ご入用の方はご希望のものに印をおつけください。
1. 白水社ブックカタログ　2. 新書カタログ　3. 辞典・語学書カタログ
4. パブリッシャーズ・レビュー《白水社の本棚》（新刊案内／1・4・7・10月刊）

※ご記入いただいた個人情報は、ご希望のあった目録などの送付、また今後の本作りの参考にさせていただく以外の目的で使用することはありません。なお書店を指定して書籍を注文された場合は、お名前・ご住所・お電話番号をご指定書店に連絡させていただきます。

他方、この風刺画で大坂は、肌が明るめに描かれ、実際よりも肌の色を明るく描く「ホワイトウォッシュ」にあたるのではないかという指摘もあった[14]。この問題は、あろうことか、大坂の主力スポンサーである日清によって翌年に蒸し返されることになる。日清食品が作成し、2019年全豪オープン期間中に公開されていたコマーシャル動画で、大坂の肌の色が明るく描かれ、「ホワイトウォッシュ」ではないかという指摘がなされたのである（動画は1月23日に公開が中止された[15]）。

いずれにせよ、スポーツにおいて、国籍に注目が集まることは避けられない。私たちが国籍を気にするのは、属性を共有する競技者の活躍に価値を見いだすからであろう。

属性がもつ価値ということを考えるとき、プロフェッショナルとアマチュアの「ポジション」の区分は、二重の意味をもっているように思われる。上述したように、近代テニスは、ある時期まで、表舞台からプロフェッショナルを排除してきた。プロフェッショナルの排除は、アマチュアがプロフェッショナルと勝負することが不公平であるという意識があるからだろう。もしプロフェッショナルとアマチュアのポジション分けをしなければ、スポーツ・競技において、アマチュアが特定の競技空間において頂点に立つことは極めて難しくなる。プロフェッショナルが成立する種目においては、アマチュアだけの競技空間を確保する必要があるだろう。社会生活を送りながらスポーツ・競技を行なうという、同じ属性に所属する集団の競技空間を作る必要があるのである。

他方で、プロフェッショナルの存在が、属性がもつ価値によって支えられているという側面もある。プロフェッショナルの環境は、アマチュアにとっては、手に入らない環境であるが、自分ではできなくても同じ属性をもつ個人がどれだけのことが達成できるのかを見てみたいという気持ちが、プロの存在を支えているということが

あるだろう。全米オープンで多くの日本人が大坂を、また、ワールドカップサッカーで日本代表を応援するのはそうした気持ちからだろう。

障害者スポーツにおけるアスリートに対する応援・支援もそうした視点から考えることができるだろうか。クラス分けは、同じ障害や機能不全をもつ人たちの間に、自分と同じ属性をもっている選手が競い合っているという意識を与えるものなのだろうか。あるいは私たちはクラス分けによって作り出される競技性に価値を見いだしているのだろうか。本稿の執筆を促した問題意識は実はここから出発している。障害者スポーツに対して私たちがもっているように見える敬意、関心・注目と共感、そして無関心はどこから来るのだろうか。そのことを考えるために、スポーツにおいて「分ける」ことについて整理してきたのだが、ここでは答えを出さずにこの稿を閉じることにしたい。

註

(1) https://www.jleague.jp/（2019 年 2 月 21 日確認）, http://www.nadeshikoleague.jp/（2019 年 2 月 21 日確認）

(2) https://www.shogi.or.jp/（2019 年 2 月 21 日確認）

(3) スポーツにおける性別の区分の是非や根拠は、スポーツの哲学や「スポーツとジェンダー」論において盛んに議論されてきた。本稿の「基本文献案内」で紹介したドゥルー『スポーツ哲学の入門』（川谷茂樹訳、ナカニシヤ出版、2012 年）第 10 章、ホール『フェミニズム・スポーツ・身体』（飯田貴子・吉川康夫監訳、世界思想社、2001 年）などを参照。

(4) https://www.usopen.org/en_US/visit/year_by_year.html（2019 年 2 月 22 日確認）

（5） http://www.espn.com/tennis/story/_/id/24599816/us-open-follow-money-how-pay-gap-grand-slam-tennis-closed（2019 年 2 月 26 日確認）

（6） https://www.telegraph.co.uk/tennis/2018/07/11/britains-big-wimbledon-wheelchair-tennis-hope-looking-grand/（2019 年 2 月 22 日確認）

（7） https://www.theguardian.com/sport/2018/apr/29/caster-semenya-the-obvious-target-in-iaaf-changes-that-only-create-a-legal-minefield（2019 年 3 月 25 日確認）

（8） https://www.iaaf.org/news/press-release/eligibility-regulations-forfemale-classifica（2019 年 2 月 22 日確認）。セメンヤ側は IAAF のこの規則に異議を申し立て、スポーツ仲裁裁判所に提訴している。なおこの件でビリー・ジーン・キングはセメンヤを支持している。https://qz.com/africa/1558596/caster-semenya-challenges-world-athletics-gender-rules/（2019 年 3 月 25 日確認）

（9） https://www.iaaf.org/news/news/oscar-pistorius-independent-scientific-stud-1　https://www.iaaf.org/news/news/pistorius-is-eligible-for-iaaf-competition（2019 年 2 月 25 日確認）

（10） https://www.theguardian.com/sport/2018/sep/09/serena-williams-accuses-officials-of-sexism-and-vows-to-fight-for-women（2019 年 2 月 25 日確認）

（11） https://twitter.com/BillieJeanKing（2018 年 9 月 10 日確認）

（12） http://www.naomiosaka.com/profile/（2019 年 2 月 25 日確認）

（13） 読売新聞 2018 年 9 月 11 日東京朝刊 16 頁（読売新聞ヨミダス歴史館を利用。同じ記事で、国枝と上地の準優勝も報じられている）。

（14） https://www.bbc.com/news/world-australia-45479954（2019 年 2 月 25 日確認）

（15） https://www.bbc.com/news/world-asia-46972920（2019 年 2 月 25 日確認）「ネット社会でさらされた日本人の感覚 日清アニメ、大坂選手の肌が白い問題」（週刊朝日 2019 年 2 月 22 日、133 頁、朝日新聞データベース聞蔵 II ビジュアルを利用）

文献・資料

Australian Press Council (2019). Adjudication 1758: Complainant/Herald Sun (February 2019). (https://www.presscouncil.org.au/document-search/adj-1758/)

Buddell, James (2018). Remembering The Start Of Open Tennis... 50 Years On. https://www.atptour.com/en/news/atp-heritage-open-tennis-laver-rosewall-cox-1968-bournemouth

Department of Health and Human Services. (2001). Virginia Slims: A Case Study in Marketing Success Women and Smoking: A Report of the Surgeon General (pp. 502-503). https://www.cdc.gov/tobacco/data_statistics/sgr/2001/complete_report/index.htm

IAAF (2018). Eligibility Regulations for the Female Classification (Athletes with Differences of Sex Development). Published on 23 April 2018, coming into effect as from 1 November 2018.

IPC (International Paralympic Committee) (2015). Explanatory guide to Paralympic classification (http://www.wimbledon.com/en_GB/atoz/history.html)

LeCompte, Tom (2003). *The Last Sure Thing. The Life & Times of Bobby Riggs*, lack Squirrel Publishing.

Ware, Susan (2011). *Game, Set, Match. Billie Jean King and the Revolution in Woman's Sports*. The University of North Carolina Press.

Ware, Susan (2014). *Title IX: A Brief History with Documents*. Waveland Press, Inc., 2007, 2014.

Wilson, Elizabeth (2014). *Love Game. A History of Tennis, From Victorian Pastime to Global Phenomenon*. Serpent's Tail.（『ラブ・ゲーム――テニスの歴史』（野中邦子訳、白水社、2016 年））

【映像資料】

全米オープンテニス女子シングルス決勝 (2018)、WOWOW ライブ 2018 年 9 月 9 日放送

Hayes, Zara & Erskine, James (directors) (2013). *The Battle of the Sexes. Billie Jean King vs Robby Riggs. The Inside Story of How a Champion Battled to Change the World*, Written and Directed by, New Black Films Ltd.（本文では言及しなかっ

たが、キング vs. リッグスの試合などに関するドキュメンタリー映画である。）

Faris, Valerie & Dayton, Jonathan (directors)(2017). *Battle of the Sexes: Based on a true story*, Twentieth Century Fox Film Cooperation.

【4大大会ウェブサイト】

https://www.usopen.org/index.html

http://www.wimbledon.com/index.html

https://ausopen.com/

https://www.rolandgarros.com/en-us/

◆ 基本文献案内

ここでは日本語の文献のみを紹介する。

テニスの歴史に関しては、本文でも言及した**エリザベス・ウィルソン『ラブ・ゲーム――テニスの歴史』**（野中邦子訳、白水社、2016年）がある。1870年代頃の近代テニスの誕生から2014年にいたるまでのテニスの歴史を詳しく述べたものであり、テニスにおける階級差別や人種差別、女性差別の問題などを確認することができる。

スポーツの哲学・思想一般に関しては、**菊本智之編著『スポーツの思想』**（晃洋書房、2018年）がコンパクトに論点をまとめている。アマチュアリズムが階級差別・職業差別と結びついたものであったことなどが指摘されている。**シェリル・ベルクマン・ドゥルー『スポーツ哲学の入門――スポーツの本質と倫理的諸問題』**（川谷茂樹訳、ナカニシヤ出版、2012年）は、スポーツの哲学に関する包括的な入門書であり、スポーツの条件や「競争」の是非に関する哲学的議論、ドーピングに関する議論などを扱っている。第10章ではスポーツにおける性差別に関連して、性による競技上の区分をなくすべきで

あると考える論者と保持すべきであると考える論者の考えがそれぞれ詳しく紹介されている。

　スポーツとジェンダーの関係に関しては、**アン・ホール『フェミニズム・スポーツ・身体』**（飯田貴子・吉川康夫監訳、世界思想社、2001年）を挙げておこう。ホールは1970年代からスポーツとジェンダーの問題に関する論文や書籍を出版してきたこの分野の草分け的な研究者であり、本書ではスポーツとメディアがジェンダー間の権力関係やジェンダー役割をいかに再生産していくのか、スポーツにおける男女間の区別は果たして必要なのかなど、スポーツとジェンダーとの関係に関する基本的な論点が押さえられている。日本の研究者による入門書・解説書としては、**飯田貴子・熊安貴美江・來田享子編著『よくわかるスポーツとジェンダー』**（ミネルヴァ書房、2018年）などがある。

　パラリンピック・障害者スポーツに関しては、**中村太郎『パラリンピックへの招待——挑戦するアスリートたち』**（岩波書店、2002年）を挙げたい。パラリンピックの「クラス」分けは当初「障害」のみに基づいて行なわれていたが、1980年代には「機能」をもとにしたクラス分けが導入され、さらに異なった障害をもつ人たちを機能で区分する「統合的クラス分け」が導入されていったことなどが紹介されている。パラリンピックのエリート性を高めるために導入された統合的クラス分けに対する批判的な意見も紹介されている。**渡正『障害者スポーツの臨界点——車椅子バスケットボールの日常的実践から』**（新評論、2012年）は、障害学の議論をも参照しながら「障害者スポーツとは何か」を論じたものである。障害者スポーツやそのクラス分けが健常者／障害者というカテゴリー区分にどのように関わっているのかが、車椅子バスケットボール競技者の経験に即しながら検討されている。

待つ・耐える

星野　太

　待つということ。それは私たちの誰にとっても馴染みのある、ごくありふれた行為である。今夜の食事の約束をしている人がやってくるのを「待つ」。先月受けた試験の結果が近々届くのを「待つ」。あるいは、自分の人生にいつか素晴らしい出会いが訪れるのを「待つ」——淡い期待、思わしくない結果への不安、あるいは夢想と呼ぶべきかもしれない漠然とした予感も含め、私たちはいまだ訪れることのない未知の出来事をたえず待ちながら生きている。

　しかし、そもそも「待つ」とは「行為」なのだろうか？　もちろん一口に「待つ」といっても、そこに少なくない程度の違いはあるだろう。30分後に喫茶店で約束している仕事相手を待つことと、もう何カ月も会っていない遠方の家族の帰りを待つこととでは、同じ「待つ」であっても大きな隔たりがある。しかし両者に共通しているのは、その「待っている」時間そのものに手を加えることはできないという点だ。それは数分でも、数日でも、数年でも同じことである。「待つ」ことを行為と呼ぶのにある種のためらいをおぼえるとすれば、それはこの動詞が、自由にもとづく主体的な行為とはおよそ縁遠いものであるように思われるからだ。

　現に、何かを「待って」いるときの私たちは、その当の瞬間が訪れるまで、つねにその「待つ」ことに集中しているだろうか？　そうではないだろう。私たちの生活はいつであれ大小さまざまな行為

で満たされており、そこで特定の何か・誰かを「待つ」ことが意識の中心を占めるのは稀である。むしろ多くの場合、人はつねにある出来事への期待に身を委ねつつ、何か他のことで気を紛らわせているのが常ではないだろうか。そして当の出来事は、ある瞬間に不意に「訪れる」ものでしかない。わたしたちは、つねに何かを「待つ」という状態に身を置きながら、その実際の訪れに対してはあまりにも無力なのだ。

　私たちはよく、能動・受動のペアで物事を考える。もちろん（日本語の）文法上は、「待つ」という動詞から「待たれる」という受動態を作ることは可能だ。しかしこの「待つ」と「待たれる」の関係を、はたして能動・受動の関係と言い切ってしまってよいものだろうか？　事実、「待たれる」という言い回しは、「……の早期解決が待たれる」といった行為主体の曖昧な慣用表現をのぞけば、さほど目につくものではない。むしろ、XがYに「待たれる」という状況を正確に示そうとする場合、そこでは主客を反転して、YがXを「待ち構える」や「待ち伏せる」といった別の動詞が用いられることのほうが一般的ではないだろうか。しかしそれもこれも、「待つ」という動詞にもともと受動的な意味が含まれているがゆえのことだとすれば、さほど奇妙なことでもない。

　こうした、能動的とも受動的とも言いがたい、いかにも中途半端な様態が「待つ」ということの核心にはあるのではないだろうか。それは行為と呼べるほど積極的ではないが、かといってたんなる消極的な状態でもない。言ってみれば、これは主体性という点では明らかに「弱い」動詞なのだが、しかしその弱さゆえに、時に思わぬ強さを帯びることもある。たとえばだが、自分の意志ではどうにもならない時間の経過を「耐える」ことなど、まさにその最たるものであるだろう。これから見ていくのは、そんな「待つ」「耐える」ことをめぐる、いくつかの哲学的なメモランダムである。

1　砂糖が水に溶けるのを待つ

　基本的な事実から始めよう。何かを「待つ」というごくありふれた経験は、私たちが時間のなかに生きていることの何よりの証しである。では、その「時間」とは、いったいいかなる本性をもっているのだろうか？　そのことを考えるために、かつて「待つ」ということについて真摯に考察したひとりの哲学者がいた。アンリ・ベルクソンは『創造的進化』のなかで次のように書いている。

　　もしも私がコップ一杯の砂糖水を作ろうとするなら、どうあっても、私は砂糖が溶けるのを待たねばならない。このささやかな事実には、きわめて大きな教えがある。なぜなら、私が待たねばならない時間とは、もはや物質界の全歴史にわたってひとしなみに適用される、あの数学的な時間〔…〕のことではないのだから。それは、私のじれったい想い、すなわち任意に伸ばすことも縮めることもできない、私における持続のある部分と一致する。それは、もはや思考されたものではなく、生きられたものである。それは、もはやひとつの関係ではなく、絶対である。このことは、次のこと以外の何を意味しよう——すなわち、コップ一杯の水、砂糖、その砂糖が水に溶けていく過程、というのはおそらく抽象なのであり、私の感覚および悟性がそれらのものを切り取ってくる〈全体〉は、おそらくひとつの意識のように進展しているのだ。(Œ 502)[1]

　もしもコップ一杯の砂糖水を作ろうとするなら、私は砂糖が溶けるのを待たねばならない——この冒頭の一文は、一見ごく当たり前のことを言っているだけのようにも見える。しかし、その先を読み進めてみればわかるように、この些細な事実からベルクソンが引き

出してくる洞察は、思いもかけず壮大なものである。

　ベルクソンによれば、私たちが生きるこの世界はひとつの〈全体〉をなしており、本来それは分割不可能な「持続」として——まるでひとつの「意識」のように——進展している。端的に言えば、世界とはひとつの時間的な流れであり、「Xグラムの砂糖がYリットルの水にZ分後に溶けきる」といったたぐいの「知的な」認識は、知性がその〈全体〉を分解した結果として浮かび上がってくる抽象にすぎない。そもそも「抽象」とは、「抽き出す（abstrahere）」というラテン語の動詞に由来する言葉である。よってこの場合であれば、知性とは〈全体〉としての世界から個々の要素を「抽出」してくるものなのだ、というイメージで捉えればよい。Xグラム、Yリットル、Z分後……という数量化された認識こそ知性（科学）の得意分野であり、実際に私たちはつねづねこうした認識の恩恵をこうむっている。というより、そうでなければ私たちの社会生活は成り立たない。時計によって一分一秒と区切られた時間などは、その最たるものであろう。

　しかし、ベルクソンはこれとは対照的な「真の」認識に注意をうながすべく、先の「砂糖水」の例を持ち出してくる。砂糖水ができあがるのを待つ「私のじれったい想い」について考えてみればわかるように、本来の時間とは一分一秒と計測されうるようなものではなく、「任意に伸ばすことも縮めることもできない」持続としての時間である。それは「3日前」や「3カ月後」といった抽象的に「思考される」時間ではなく、この私によって「生きられた」時間のことだ。こうした視点をとることによってこそ、私たちは、持続としての世界の只中にいる自己の姿を正しく発見することができる。ベルクソンはそのような認識を「知性」と区別して「直観」と呼んだが、さしあたり目下の議論にかぎって言えば、そのような概念を持ち出すまでもない。世界の持続と、私の持続——この両者の一致

は、砂糖水ができあがるのを「待つ」私の経験のなかに端的に示されているのだ。

ベルクソンが言うように、「このささやかな事実には、きわめて大きな教えがある」。本稿のはじめに述べたように、私たちが「待って」いる出来事の訪れが数分後であろうと、数日後であろうと、数年後であろうと、いずれにせよ私たちはそれを待たねばならない。私たちは待つ時間を「任意に伸ばすことも、縮めることもできない」。単純だが、これは動かしがたい事実である。過ぎた時間を巻き戻すことができないのは誰もが知る通りだが、それとまったく同じ意味で、人はこれから流れる時間を早めたり、遅らせたりすることはできない。この、ごく当たり前の事実に立脚した「持続」としての世界を、ベルクソンは「砂糖水」の例ひとつによって明々と示してみせたのだった。

2　フィルムが途切れるのを待つ

しかし、世界をひとつの「持続」とみなすこのベルクソンの立場には、実のところある盲点が存在するようにも思われる。もしもコップ一杯の砂糖水を作ろうとすれば、私は砂糖が水に溶けるのを待たねばならない。なるほど、それはその通りである。では、その砂糖が溶けきる前に、それを待っている「私」が死んでしまったらどうだろう？　そうなれば、できあがった砂糖水はとたんに無意味なものとなってしまうにちがいない。もちろん、ひとつの〈全体〉としての世界のなかで砂糖水は変わらず存在しつづけるし、もしかしたら他の誰かが代わりにそれを飲むかもしれない。しかし、そのできあがりを待ち望んでいた「私」がいなくなってしまえば、その砂糖水がどうなろうと知ったことではない。先にその一端を見たように、世界を巨大な「持続」とみなすベルクソンの哲学には、数々

の魅力的な洞察がある。しかしその一方で、そこでは「私」という存在の有限性が脇に置かれているように見えることも、また確かなのだ。

　こちらもよく知られた例だが、ベルクソンは同じ『創造的進化』のなかで、当時発明されたばかりの新たなメディアであった「映画」にふれている。

> 　一枚のスクリーン上に動く場面を、たとえば連隊の行進を再現したいとする。その第一の方法とは次のようなものだ。すなわち、数々の兵隊を表わす絵姿を切り抜いて〔…〕それぞれが行進の運動を刻むようにするというやり方だ。この些細なお遊びには多大な労力が要るだろうが、そこで得られるのはかなり凡庸な効果でしかない。これによって、生の柔軟さや多様さをどうやって再現するというのだろう？　次に第二の、はるかに簡単で、なおかつ有効な方法がある。それは、通り過ぎる連隊を一連のスナップ写真に撮り、そのスナップ写真を順次すばやく交替させるようにスクリーン上に投影するというやり方である。事実、映画はそのようにしている。その一枚一枚が、連隊を不動の姿勢で示す数々の写真を使って、映画は通り過ぎる連隊の動きを再構成する。なるほど、これらの写真にのみかかずらっているのであれば、いくらそれを眺めたところで、それらが動くところは見えないだろう。不動のものをもってしては、たとえそれを際限なく並べたとしても、私たちはけっして運動を作り出すことはできないだろう。イメージが動くためには、どこかに運動がなければならない。事実、ここにはまさしく運動がある──それは映写機のなかにあるのだ。(Œ 752-753)[2]

ここで述べられているとおり、映画とは静止した写真を連続させ

ることにより（通常1秒間に24コマ）、そこに擬似的な運動を発生させる仕組みのことである。ただし、ベルクソンによれば、私たちは写真という「不動のもの」によって「真の」運動を生み出すことはできないという。

　なぜか。先述したように、ベルクソンにとってこの世界は分割不可能な「持続」として把握されるべきものであり、私たちがふだん知性によって行なっているように、それを各々の要素に切り分けて理解しようとする「抽象」のほうが、実のところ誤りであるからだ。ここで映画に即して語られているように、私たちの「通常の」認識は、まさしくこうした偽の運動、すなわち「映画的メカニズム」によって成り立っているというわけだ[3]。

　さて、ベルクソンその人の考えはともかくとして、これに引きつけて次のように考えてみたい。この世界における私たちの存在は、いちどかぎり上映される一本の映画のようなものである。かりに世界がひとつの〈全体〉をなしており、その時間が絶えることなく流れていくとしても、私たちの生命が有限である以上、その意識はどこかで途絶することを免れない。場合によっては、リール上で回転するフィルムが終わりを待たずに途切れてしまうように、私たちの生もまた、何らかのアクシデントによって寸断されてしまう可能性すらある。いずれにせよ、ベルクソンの哲学においては、ほかならぬ「私」の有限性が脇に置かれている。このかぎりにおいて、ベルクソンの哲学には「私の死」が欠けているのだと言っても、そう間違いではないだろう。

3　「待つ」と「耐える」

　ところで、私たちすべてを等しく「待ち」受けるものこそ、この「死」を措いてほかにない。死を待つこと——それは、あらゆる

「待つ」ことのなかでも他に並ぶもののない、ひとつの特権的な出来事である。前節で見たベルクソンにおける「死」の不在をめぐって、かつて松浦寿輝は次のように書いていた。

> たしかなことは、二種類の「待つこと」があり、「待つこと」の種類には厳密にその二つしかないということである。一つは、「死」を待つ場合である。もう一つは、それ以外のものを——電車の到着を、夏の朝顔の開花を、皮膚の上の傷口の癒着を、この世の可能事のうち未だ来たらざる任意のものを——待つ場合である。砂糖が溶けるのを待つ「待ち遠しさ」から宇宙の「持続」へと説き進むベルクソンは、この二つの「待つこと」の間に区別を設けていないようだ。だが、はたしてそれで「フィルム」を理解できるのか[4]。

前節で私たちが確認したことのすべてが、この文章には凝縮されている。人間を他の動物から隔てようとする人々がしばしば口にするように、誰も逃れることのできないこの死を受け入れるところから、私たちの有限な生は始まっている。おそらくこれこそが、最初に述べた「待つ」という行為のひとつのリミットである。

その要点をいまいちど繰り返そう。第一に、その対象となる出来事がいかなるものであれ、私たちはその待つ時間に手を加えることはできない（延命や自裁の問題は、さしあたりここでは措く）。第二に、私たちの多くは、やがて来るその時のことを目がな考えながら過ごしているわけではない。むしろ、おもに周囲の人々の死を通じてその存在を感じながら、ふだんは他のことで気を紛らわせているというのが実状ではないだろうか。私たちは、いつか訪れる「その時」への態勢を保ちつつ、ただそれを「待つ」ほかない。出来事の到来に対するわたしたちの無力さは、まさしくその極致であるところの

待つ・耐える　135

死において、あられもなく露呈しているのだ。

　ここで思い出しておきたいことがある。旧来、「待つ」という営為には、いつか来る終わりを待ち望みつつ、現世を「耐える」という宗教的な契機が密接に結びついていた。ここまで見てきたような「待つ」という行為の時間性が大きな意味を持つようになったのは、おそらく近代に入ってこの方、私たちの生が世俗的な時間に支配されはじめてからのことである。いくぶん単純化した整理になるが、要点だけを述べれば次のようになる——すなわち、宗教的な教義がしばしば「死後」の世界を想定していることからもうかがえるように、かつて、そしておそらく今もなお、死とは必ずしも避けるべき「終わり」なのではなかった。[5]生が苦難の連続である人にとって、死とはむしろ、そうした苦しみからの解放であるだろう。こうした問題について考えるためにも、ここからは「待つ」ことと表裏一体の「耐える」という営みに目を向けてみたい。

　「耐える」とはいかなる行為か。まずその意味から考えるなら、この動詞がある不本意な状況を目的語とし、その状況に置かれた者を主語とするのは必定である。何らかの望まざる状況に置かれていない存在は、そもそも「耐える」という行為の主語にはなりえない。ごく当たり前の事実を確認するようだが、「私はXを耐える」というとき、この「X」は「私」にとって例外なく不本意な事象を示すはずだ。その意味で、「待つ」と比べるとかなり限定的な動詞である。

　しかし、先にも述べたように、「待つ」ことと「耐える」こととはある意味で表裏一体である。この二つは部分的に重なり合う要素を持ちながら、同時にいくつかの点で決定的に異なっている。両者に共通するのは、どちらも主体的と呼ぶことが躊躇われる、ある種の受動性に満たされているという点だ。何かを待つ／耐えるというとき、そこに抜き難く「受け身」のイメージが付与されてしまうこ

とが、その何よりの証しであろう。他方で、むろん両者には差異も存在する。「待つ」ことは望ましいこと、望ましからざることの双方を対象としうるのに対し、「耐える」べき対象は、先述のとおり本来的にネガティヴなものである。また、それぞれに係る意識の集中の度合いについて言えば、「耐える」ことのほうにおそらく軍配が上がるのではないだろうか。「待つ」ことが極端な集中の欠如においても成り立ちうるのに対し、「耐える」ことのほうは、どこか一定の集中状態が必須であるというイメージがある。

さて、話を戻せば、先にふれた「死」は、主体の状況に応じてそのどちらにも転じうるものだ。生が耐えがたいものであるとき、その途絶である死は救済以外のなにものでもない。かたやその生が望ましいものであるとき、それはできるだけ先延ばしにしておきたい「最後の」出来事であろう。そのような両義性がもっとも際立った仕方で現れているのが、先にふれたような宗教的世界観である。死後の平穏を謳う宗教は数多い。それは、ある面では死の恐怖を軽減するために考え出されたものであったのかもしれないが、それ以上に、それは生が多くの人々にとって「耐える」べきものであったことの証左であろう。

4　未知の物事に耐える

ここで、ふたたび世俗的な時間へと戻ろう。昨今、私たちはますます「待つ」機会が少なくなったと言われる。これは、交通機関や通信技術の発達とともに、過去に何度も繰り返されてきた指摘ではある。しかし、とりわけ携帯電話やインターネットが普及しはじめて以来、こうした論調はいっそう目につくようになったのではないだろうか。とはいえ、ここまで見てきたように、「待つ」ことは私たちが時間のなかに生きる存在である以上、どうあっても避ける

ことのできないものである。ゆえに厳密に言えば、現代の交通網や通信事情は、私たちから「待つ」機会を奪ったのではない。それは、私たちの「待つ」という経験への向き合い方を決定的に変えたのである。

　どういうことか。いま述べたことを、鷲田清一が「前傾への強迫」と呼ぶものに即して考えてみたい。鷲田は、かつて現代の「労働」を分析する仕事を行なっていたとき、企業のさまざまな活動や業務に関わる文書にある共通の接頭辞がつけられていることに「驚愕した」という。それについて述べたのが次の文章である。

　　あるプロジェクトを立ち上げようと提案する。そのプロジェクトの内容を検討するにあたっては、そもそも利益の見込みがあるかどうか、あらかじめチェックしておかなければならない。なんとかいけそうだということになれば、計画に入る。計画が整えば、それに沿って生産体制に入る。途中で進捗状況をチェックする。支払いは約束手形で受ける。そして儲けが出れば、企業は次の投資に向けてさらに前進する。事業を担当した者にはそのあと当然、昇進が待っている……。[6]

　お気づきだろうか。なかにはすでにカタカナとして定着している言葉も少なくないが、ここに見られるキーワードはどれもこれも、「プロ」という接頭辞をもつ言葉ばかりなのだ。はじめの「プロジェクト」はもちろん、「利益（プロフィット）」「見込み（プロスペクト）」「計画（プログラム）」「進捗（プログレス）」そして「昇進（プロモーション）」にいたるまで、これらはみな、「前に」「先に」「あらかじめ」という接頭辞「プロ（pro-）」を伴う言葉ばかりである。鷲田はこれを適切にも「前傾への強迫」と呼び、次のような指摘を加える。

こうした前のめりの姿勢はだから、じつのところ、何も待ってはいない。未来と見えるものは現在という場所で想像された未来でしかない。未来はけっして何が起こるかわからない絶対の外部なのではない。その意味で、「プロ」に象徴される前のめりの姿勢は、じつは〈待つ〉ことを拒む構えなのである。／待つことには、偶然の（想定外の）働きに期待することが含まれている。それを先に囲い込んではならない。つまり、ひとはその外部にいかにみずから開きっぱなしにしておけるか、それが〈待つ〉には賭けられている(7)。

　いま、私たちの社会を覆い尽くしているもの——それこそ、まさにこの「前傾への強迫」にほかならない。蓋然性の高いデータをもとに「あらかじめ」先を見通すことが推奨され、「やってみなければわからない」といったたぐいの不確かさはとことん忌避される。これは、交通網や通信技術の発達によって「待つ」時間が短くなったこととはまた異なる、より根本的な意識の変化ではないだろうか。
　こうした趨勢を、私たちはいかに「耐える」ことができるだろうか。「耐える」とは、たんにそれが過ぎ去るのを待つことであるとはかぎらない。というのも、こうした状況が今後ますます広がっていくであろうことは、私たちの誰にとっても容易に想像しうることだからだ。よって、ここでの「耐える」という言葉は、必然的に「抵抗」のニュアンスを帯びることになる。先の引用で述べられていたように、おそらくそのひとつの道は、「偶然の」あるいは「想定外の」働きに期待するという、待つこと本来の姿勢に立ち返ることであると言えるだろう。しかしここでは、また別の道を考えてみたい。

5　資本の速度に耐える

　今日の社会が押し付けてくる時間の流れに対し、いかなる抵抗が可能か？　このような問いを掲げた理論家や実践家は少なくないが、ここではそのひとりであるジャン゠フランソワ・リオタールの議論に耳を傾けてみたい。というのもリオタールは、20世紀後半の資本主義の発展によってますます加速する時間の流れに対し、私たち人間がいかに抵抗できるかを考えた哲学者だったからである。

　リオタールの議論の興味深いところは、資本主義をたんなる経済システムとしてではなく、「発展」というひとつの形而上学を体現するものとして捉えなおしている点にある。リオタールに倣って言えば、資本主義とは——おそらく私たちが想像するのとは異なった意味で——「非人間的な」ものである[(8)]。なぜならそれは、本質的にはいかなる理念も、目的も必要とせず、ただ利潤を求め、その拡大のみをめざす非人称的なシステムだからである。その「発展」への傾きは、個々の人間が求めているようでいて、大局的に見ればそうではない。むろんそこに個々の意志は存在するにせよ、資本主義とは、あらゆるものに差異を見いだし、そこから価値や利潤を生み出していくという、終わりなき運動によって特徴づけられるものなのだ。

　そのことをもって、リオタールは資本主義の核心を、たんに金銭を「稼ぐ」ことではなく、むしろ時間を「稼ぐ」ことのうちに見いだそうとする（ちなみに、日本語のみならず仏語でも、この「稼ぐ（gagner）」という動詞は両者どちらに対しても用いられる）。なぜそのように言えるのか。物やサービスの売買を通じて利潤を得るということは、その利潤を生み出しうる差異を「いち早く」発見し、それを金銭に変えるということだ。そのような意味で、資本主義においては「資本を稼ぐ」手前の段階に、「時間を稼ぐ」というより本質的

な段階が存在するのである。

　そのような巨大なシステムを前に、個々の主体ができることとは何だろうか？　単純な話、発展のイデオロギーが時間を稼ぐことを最大の目的としているのなら、私たちにできるもっとも単純な「抵抗」とは、その発展の速度を緩めることであるだろう。資本主義がますます非人間的なものへと転じていくのなら、少なくともその「部分」をなす私たちに可能な抵抗とは、資本主義が強いる時間の流れに対して、別の「流れ」を見いだすこと以外にない。たとえば、その速度を緩めること――前世紀後半に盛んに唱えられるようになった「スロー」フードや「スロー」ライフといった標語は、こうした時代状況のなかから生まれてきたものである。

　しかし、即時性のもたらす恩恵に慣らされた私たちは、もはやこうした時間の加速に抵抗する、という発想すら持ちえないかもしれない。それに、このような抵抗が、そこかしこで「スマートな」情報処理が全面化しつつある今日の社会において、どれほどの意味をもつのか訝しく思う向きもあるだろう。

　さらに厄介な問題もある。先にその概要を見た資本主義の運動は、みずからに差し向けられた批判すらもその一部として取り込んでしまう。リオタールもまた、そのような危険を十分に察知していた。若かりし頃の活動について語ったあるインタビューのなかで、リオタールは次のようなエピソードを披露している。

> 私はかつて〔アーティストの〕ブリュノ・ルムニュエルとともに、題名も著者名もない本を夢想したことがありました。しかし〔今思えば〕それは単純素朴な発想でした。そのような本が出版されたとしても、つまり出版社を得たとしても、価値法則はこのような対象を必ずやその周期中に引き込み、むしろそのような空白を持つという事実によって、そこから多くの価値を

生じさせずにはおかないでしょう。そして、題名も著者名もないことが、この本を評判の高い消費対象にしてしまうでしょう。〔…〕資本主義経済は匿名性それ自体を奪ってしまい、それをもって剰余価値の流用の一様態にしてしまうことすらあるのです。[9]

　これはあくまでひとつの挿話にとどまるが、リオタールがここで示しているような認識は、おそらく正しい。「スローフード」や「スローライフ」といった言葉がそうであったように、資本主義の全面化に抗い、そこに一石を投じたり、速度を緩めたりする試みすら、時によっては「新たな」価値観として、その内部へと容易に回収されてしまう。本家イタリアの「スローフード」思想がそのような内容に尽きるとは言えないが、少なくともそれが「新しい」文化として先進諸国に紹介されたとき、結果としてそれが一定以上の所得をもつ人々へと向けられた、新たな経済圏の創出と結びついていたことは思い出されてよい。一時期、雑誌をはじめとする各種メディアを賑わせた「スローライフ」という標語も、やはりそうした矛盾に直面せずにはいなかった。生活を「スロー」にすることが可能なのは、十分な可処分時間と可処分所得をもつ一部の人々にかぎられる。そのようなライフスタイルに結びついた新種の情報や商品の提供によって、資本主義そのものはますます拡大していく。これが矛盾でなくて何であろうか。

6　ふたたび「待つ」ことへ

　世俗的な時間のなかに生きるかぎり、私たちはこの「前傾への強迫」と「資本主義の時間」から完全に無縁であることはできない。寺院や修道院のような、かつてであれば世俗から切り離されていた

はずの空間ですら、今日ではこうした世俗の諸事と何がしかの関わりをもつのが常である。それならばせめて、そこに完全に飲み込まれないようにするために、私たち一人ひとりがみずからの身体を作り変えねばならない——あらゆる行為の起点である「この」身体を。

　ここで、冒頭の話を思い出してもらいたい。本稿を始めるにあたり私たちが確認したのは、「待つ」ということが、おそらく能動的とも受動的とも言いがたい、いくぶん奇妙な様相のもとにあるということだった。それは通常イメージされるような、主体的な意志に根ざした「行為」ではない。しかし他方で、何かを待っている人が、そのとき何もしていないわけではもちろんない。何かを待っているとき、そこでは必ず何かが起こっている。「予兆」や「先触れ」という曖昧な言葉でしか名指すことのできないそれを、けっして手放さないこと——つまるところ、問題はこれに尽きている。これもすでに述べたことの繰り返しになるが、「待つ」というのは、主体性という点では明らかに「弱い」動詞である。しかしこの「弱さ」は、重要性が欠けていることを示す指標ではけっしてない。なぜなら「待つ」ことは、時間のなかに生きる存在である私たちが、けっしてやめることのできないものだからである。

　先述した「前傾への強迫」以外にも、「待つ」ことの軽視は、今日の社会のいたるところに見いだされよう。「主体的（能動的）であれ」という声かけはそれ自体としてはもっともな側面もあるが、それが全面化したときに失われるものに、人はしばしば無自覚である。たとえば昨今の教育現場で推奨されている「アクティヴ・ラーニング」といったものに顕著だが、その陰で失われつつあるのは、時にみずからの理解を超えた他者の話にじっくり耳を傾け、いつかそれが理解できる「かも」しれないという期待に胸を膨らませる、待機の時間ではないだろうか。誰もが経験的に知るように、いっけん受動的に見える読書や観劇のあいだにも、積極的な「何か」はつねに

生じている。そこで観客は、ほかならぬ「読む」「見る」という行為を通じて、つねにその作品を解釈しつつ、それをみずからの次なる行為へつなげていく。それが能動的な行為でなくて何であろうか？　いっけん「インタラクティヴ」には見えない、ただ「黙って聞く」だけの講義の時間のなかにも、本来そうした「待つ」ことの萌芽が顕著に見いだされるはずである。

　もちろん、「待つ」ことの過度の理想化には警戒も必要だ。主体的ではない、ある種の受動性、外部性によって「真の」出来事がもたらされるという思想は、逆説的にも一種の保守主義へ行き着いてしまう危険と背中合わせである。そのような考え方は、「私たちは外部から決定的な何かが到来するのを待つことしかできない」という諦念と表裏一体だろう。私たちは、「待つ」ことの擁護に潜むこのような危険に十分な注意を払いつつ、能動と受動の狭間にあるこの奇妙な動詞について、引き続き考えていかねばならない。

註

(1) アンリ・ベルクソン『創造的進化』竹内信夫訳、白水社、2013年、26-27 ページ。以下、外国語の文献については邦訳の書誌情報のみを記すが、既存の邦訳を参照しつつ、翻訳はすべて筆者が行なったことをお断りする。

(2) 同上、354-355 ページ。

(3) のちにこのベルクソンの議論を取り上げ、批判的に展開した哲学書として、ドゥルーズの『シネマⅠ 運動イメージ』(1983) が挙げられる。ジル・ドゥルーズ『シネマ1＊運動イメージ』財津理・齋藤範訳、法政大学出版局、2008年。

(4) 松浦寿輝「ベルクソニズムと死」『謎・死・閾――フランス文学論集成』筑摩書房、1997年、231 ページ。

(5) これらの話題をめぐっては、近代文学、とりわけカフカやベケットの作品を思い起こさないわけにはいかない。紙幅の都合上割愛するが、とりわけベケットの次の作品の参照は必須である。サミュエル・ベケット「ゴドーを待ちながら」『ベケット戯曲全集1〈新装版〉』安堂信也・高橋康也訳、白水社、1986年。

(6) 鷲田清一『「待つ」ということ』KADOKAWA（角川選書）、2006年、17 ページ。

(7) 同上、18 ページ。

(8) ジャン＝フランソワ・リオタール『非人間的なもの――時間についての講話』篠原資明・上村博・平芳幸浩訳、法政大学出版局、2002年。

(9) ジャン＝フランソワ・リオタール『漂流の思想――マルクスとフロイトからの漂流』今村仁司・塚原史・下川茂訳、国文社、1987年、10-11 ページ。

(10) 註3で触れたジル・ドゥルーズの哲学に即してこの点を指摘したのが、次の論文である。國分功一郎「欲望と権力――ドゥルーズの「逆説的保守主義」を巡って」『表象』第4号、月曜社、2010年、140-152 ページ。

◆ **基本文献案内**

　待つこと、耐えることをめぐる私たちの思索を導いてくれるのは、なんと言ってもこの身に降りかかる日々の経験それ自体であろう。加えて、映画や文学をはじめとするさまざまな芸術作品も、時にその重要な助けとなってくれるにちがいない。しかし、おそらくは恣意的なリストになることを免れないそうした作品の数々を列挙することは避け、ここでは本稿の議論に関わる範囲で、参考となりうる文献を挙げてみたい。

　第1節で見た「砂糖水」の例で知られる**ベルクソンの『創造的進化』**（竹内信夫訳、白水社、2013年）、は「待つ」という営みの哲学的含意を考えるうえで、真っ先に参照されるべきものである。「持続」の概念をひとつの核とするベルクソン哲学への入口としては、論文・講演原稿からなる**『思考と動くもの』**（竹内信夫訳、白水社、2017年）を勧めたい。

　第2節で見た、ベルクソンにおける「映画」の問題については、**ドゥルーズ『シネマ1＊運動イメージ』**（財津理・齋藤範訳、法政大学出版局、2008年）が詳細な注釈を加えている。そのドゥルーズによるベルクソンの「読み替え」も含め、「砂糖水」と「映画」の例がもつ含意については、**前田英樹『ベルクソン哲学の遺言』**（岩波書店、2013年）に詳しい。また、第3節でも紹介したベルクソン哲学における「死」の不在をめぐっては、**松浦寿輝『謎・死・閾――フランス文学論集成』**（筑摩書房、1997年）に収められた「ベルクソニズムと死」が刺激的である。

　第4節で紹介した**鷲田清一『「待つ」ということ』**（KADOKAWA、2006年）は、このテーマについて著された数少ない哲学書である。専門書というより一般書として著された同書は、「待つ」という現象の根源的な意味について考えるためのさまざまな糸口を与えてくれる。

第 5 節における資本主義と時間の問題については、リオタール『非人間的なもの——時間についての講話』(篠原資明・上村博・平芳幸浩訳、法政大学出版局、2002 年) にもっとも詳しい。同じ著者の手による『こどもたちに語るポストモダン』(管啓次郎訳、ちくま学芸文庫、1998 年) や『知識人の終焉』(原田佳彦・清水正訳、法政大学出版局、2010 年［新装版］) にも関連する議論が見られるため、あわせて参照を勧める。

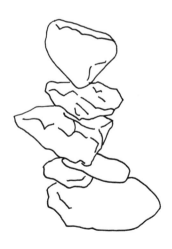

◆座談会
来たるべきことばのために　後篇

―――

「よく隠れし者、よく生きたり」

中島　この 25 年のあいだで、われわれが苦しんできたのは「評価」という問題だと思うんです。わたしも去年まで担当していた役割で、多くの時間を割いたのは評価なんですね。この評価というのは魔物なわけです。この評価が大学に持ち込まれていて、まあ苦しいこと。

星野　最近は、なるべく「隠れる」ことにしています。

中島　隠れる？

星野　キャッチフレーズ的にいうと「隠れて閉じる」という感じでしょうか。ゲリラ戦を行なうというのがここ数年の自分のスタンスで、とくにわたしは美大にいるので、非公式的なゲリラ戦が比較的仕掛けやすい（笑）。最近つねづね感じるのは、シンポジウムからワークショップまで、専門的であるはずの学問的討議の場が（悪い意味で）ひらかれすぎているということです。露出過多ですね。アウトリーチが重要であるのは言うまでもありませんが、それによって専門知を掘り下げるための場が薄められてしまったら本末転倒です。だからこそ、「露出せよ」という強迫観念に抗しつつ、隠れて閉じる。そのかわりに地下でゲリラ戦を、というイメージです。

中島氏

中島 ゲリラ戦と大学ですか?

星野 大学が通常の意味でひらかれていくのは、もちろん大切なことでしょう。ただ、すべてが透明になることで、失われるものもまたある。合法性のもとでの「不透明性」の確保といったことも、よく考えます。わたしは個人的に「結社」と呼んでいますが、制度的な後ろ盾を持たない、しかし濃密なコミュニケーションが循環するギルド的な場が必要です。

中島 デカルトは中世の格言「よく隠れし者、よく生きたり」、これを座右の銘にしていたといいます。この態度は学者として大事だなと常々思ってきました。いまの大学を覆っているある種の透明性要求は非常に強烈です。これを拒否するのは難しい。なぜかというと、それは今日的な啓蒙の言説と手を結んでいるからです。それに対して、不透明性とか、隠れるというためには、相当いろんな仕掛けが必要だろうと思いますね。

星野 単純にひきこもるのではなく、現れたまま隠れるという戦略もありますね。ペルソナの使い分けという表層的な話ではなく、いかに公共空間のなかに新たな通路を見いだしていけるか、という。

中島　ここには孤独の問題もありますね。われわれがものを考えるときに、どこかでひとりで背負い込むしかないときがある。みんなで楽しく議論をする、それによって思考がひらけたり、思考がインスパイアされるときもあります。でもどこかで、自分がそれこそ隠れて、孤独の底で思考を紡がなきゃいけない場面がどうしても残ります。わたしは、孤独であることが、どこかの時点や、なんらかのかたちでないと苦しいなと思うんですね。

　星野　ある意味では、孤独の確保がいちばん難しいかもしれない。

　中島　孤独はある種の切断の行為です。切る、切ってはじめてまた結ぶことができる。ただつながってるだけじゃしょうがない。どこかで切ることをやらないと、思考の空間は担保できません。でもこの切り方がすごく難しい。うまくやらないとすぐに独りよがりになったりします。この切断の問題が大事かなと思っています。

　清水　フェミニズムの古典の一つに、ヴァージニア・ウルフの『自分だけの部屋』があります。ウルフは「女にはひとりでものを考えられる部屋が必要で、ものを考えるための、時間をとるためのお金が必要だ」と言う。切断というのは抽象的な意味ではなくて、いま自分にかかっている、たとえばこの子ども、この老人、この病人をどこで断ち切るのかという問題でもあります。切断は一面で必要なのですが、同時に女性はしばしば簡単には切断できないケアの場に立ち会わされてもきたわけで、まさにそういう場からしか出てこないような知と、切断や孤独の重要性とを、どう結びつけるか。簡単に切断に踏み切ってしまえば、そういう知はたぶん見えなくなる。けれど、切らなければ、考える時間も、気力ももてない。

　中島　パーソナルな話をすると、わたしはいま子育てと介護の両方をやっています。さすがに「介護きついな」と思う時がありますが、それは切断する時間がない時ですね。ずーっと介護をやってるとどうにもうまくいかなくなるんですよ。切断して自分のなかで生

梶谷氏

活を組み立てなおさないと、介護にも向きあえない感覚がすごくあります。それは、わたしのなかでは、哲学的な論文を書くのと実はあまり変わらない作業なんですね。

批評のエコノミー

中島 『知の技法』は日本的な批評のひとつの成果でもあると思います。ところが、その後、批評はどうなったのか？　このことを考えると、そんなに元気があるような感じもしません。批評はどこに行ったのか？　批評的な態度はどこに行ったのか？　知の制度がもっている、ある種の権力性をあばくことは、わたしはすぐれて批評的な行為だったと思います。そうするといま批評っていうのはどうなっているのでしょうか？

清水 率直に言うと、90年代のわたし自身にとって一番クルーシャルだった問題にかんしては、日本語圏の批評はとくになにも言ってくれなかったと思います。それについてなにか言っていたの

清水氏

は、その当時は主に英語圏の批評だった。批評がどうなったんだろうというとき、日本の批評なのか、英語圏でのクリティカルセオリーなのかでちがってくるような気がしています。英語圏でもブームは去っている気もしますけれども。

中島 英語圏ではどうして去ったんですか？

清水 ジェンダーやセクシュアリティにかんしては、具体的な政治課題が優先されるときに、いちいち前提に立ち戻って疑ってかかったりする批評的な態度は事態の進展を遅らせる可能性があるとして嫌われることがある。もうひとつは、批評的な態度は、ある意味で、いまわたしたちが見ているものは実はそうではない、こんなによく見えても実はそうではない、という、何かを「あばく」態度です。逆説的ですが、これは見えているものをある程度納得して受け入れている人にしか、有効さを実感されにくい。露骨にひどい暴力や抑圧に直面している人々にとっては、「あばく」までもなくそこに暴力なり抑圧なりが最初から見えているわけです。批評全体というより、フェミニズムとかクィアの批評にかんしては、90年代の終わりから2000年代にそういう傾向にあった。

星野　自分の実感としても、アメリカの批評理論ということで真っ先に思い出されるイェール学派の批評などは、もうかなり遠いものになってしまったという印象があります。ではなぜそうなってしまったかというと、やはり当時の批評理論というのはかなり独特なエコノミーをもっていたと思うんですね。いまの普通の学生がポール・ド・マンの論文を読めるかというと、おそらく読めない。たぶん読もうとも思わない。文体、分量の双方の意味で、あまりにも効率的なエコノミーに反して書かれているものだから。

　中島　長い。読みにくかった。

　星野　人文・社会科学系でも、いまのアカデミック・ペーパーは「この論文ではこれこれの問題を明らかにします」とはじめに明記する、そういうエコノミーが一般的になっていますね。いまの学生にとってはそれがスタンダードですから、読んでも何が書いてあるかわからない高度に複雑なテクストは、そもそも読もうとすら思わない。話は変わりますが、最近よく三木清の著作を読んでいて、いろいろと考えさせられることがあります。三木は1930年に治安維持法の関係で法政大学を辞めて、それからは在野の批評家になったわけですが、彼がそれでも食べていけたのは、やはりその時代の出版の活況があったからです。当たり前のことですが、批評の問題はかなりの部分、経済問題でもある。三木は新聞や雑誌に批評を寄せるかたわら、岩波書店の雑誌で編集顧問のような仕事もしていた。時代はとんで、戦後日本における批評の活況を振り返ってみても、『エピステーメー』や『パイデイア』のような特殊な雑誌が成立していた時代の経済状況にしっかりと目を向けるべきです。批評の窮状という問題を語るうえでは、こうした経済の問題を避けて通ることはできないのではないでしょうか。最後にもうひとつだけ付け加えると、いまわたしが個人的に知っている、20代半ばで制度と現場の両方にまたがって活動している優秀な人たちは、誤解を

星野氏

おそれずに言えば、すごく「野蛮」なんです。わたしの世代は、批評的な知が、それこそ駒場的なエートスに象徴されるように、大学のなかに取り込まれた時代でした。しかしわたしよりも下の世代は、はじめから大学の窮状を目撃しながら自己形成しているので、もはやそこに過剰な期待はかけていない。だから、ある意味ではめちゃくちゃなことをする。大学ではなく、もはや現場でやっていくしかないという、そういう野蛮な……

中島 パンセ・ソバージュ再びですね。ある種の「野生の思考」が戻らなきゃしょうがないということは、当然あるのかもしれない。

梶谷 よく上の世代が言ってる「人文学はお金のためにあるわけではない」というのは嘘っぱちだよね。経済的な基盤があってはじめて言えることがある。

清水 でも「お金のためにあるわけではない」というのを切って捨てた結果が、「だからまずはお金をつくらなくちゃならない」となると、たぶん違う話になると思うんです。それこそウルフに戻るんですけど、ウルフが、「女には500ポンドのお金がいる」って言ったときに、彼女はお金をつくるやり方を考えようと主張するわ

けではなく、単に考えるためにはお金がないといけないと言うわけですよね。実際にはどこからともなくお金が降ってくるわけではないんですけど、それでも理想として必要なのはお金をつくることではなくてお金があることなのかもしれないな、とも思ったりします。

梶谷 だから野蛮というか、ゲリラ的なことをやらないといけないというのは、非難すべきではないと思う。それが次の時代の経済的な基盤の構築に結びつくかもしれない。

「前傾への脅迫」の時代に

星野 本書のなかでも書いたことですが、昨今「pro」という接頭辞がいたるところに蔓延しています。プログラム、プロジェクト、プロモーション、みなそうですね。鷲田清一さんはそれを端的に「前傾への脅迫」と呼んでいます。

中島 前のめりですか。

星野 哲学的概念としての「プロジェクト」と言えば、ハイデガー的な「投企」だと思うんですが、もはやそうした含みすら根こぎにされた、たんに「あらかじめ見通す」という意味での「pro」ですね。

中島 プログラムもそうですけど、それはあらかじめ書き込まれたものでしょ。そういったものを一方でうまく利用しなきゃいけないんだけど、他方でプログラムを超えなきゃいけない。わたしは、ハイデガーの投企っていうのはなんかうさんくさいなと実は思っているんですけど（笑）。どこかで、プロジェクトとかプログラムじゃない知のあり方があったほうが本当は面白い。いまの大学はたしかに前のめりになっていて、みずから倒れそうな感じがします。

梶谷　そもそもこの本は「動詞からはじめる」っていうのが最初にありました。それと手垢のついた「概念」ではなくて、もうちょっとそこから自由な、日常語からやるっていう。「弱い概念」ってたしか言っていました。そこから新しく学問をやろうみたいな意図がありました。

　中島　概念のマッピングをやろうということですよね。そのときに、じゃあ、いったい概念ってなんなのかという、おおもとの関心に行き当たります。われわれが手にしている概念は、多くが名詞化された、強いものばかりじゃないですか。たとえば「超越」という概念について研究しますとか、「主体」についてやりますとかいった場合、最初から「強い概念」を強い仕方で扱おうという態度です。『知の技法』でも基本的にはそういう名詞的な概念が前提にあり、しかしそれをインターディシプリナリーな仕方でより豊かに論じていくという方向だったと思います。でも本当にそれだけでいいのだろうか、「強い概念」に対する批判を受けたあとに、もう一度概念なるものにわれわれはどう向かい合っていくのかが、問われているわけです。簡単に言ってしまうと、概念の「語り方」を変更しないと、もう通用しないんじゃないか。こんな風に思ったわけです。そのときに、名詞以外のものがいいなあと思いまして、わたし自身は最初、それこそ副詞とか前置詞を考えました（笑）。

　石井　みなさんが挙げた動詞を見渡してみると、やっぱり大学のなかで学問をやってる人間が考えがちな動詞だったのかなっていうのがあって、当初はもっとドラスティックにやりたかったなというのが、ちょっと反省しているところです（笑）。

　星野　でも、やはり動詞って面白いですよ。たとえば哲学に馴染みのない人に「超越」とか「主体」という概念について考えてもらっても何も出てこないと思いますが、「待つってどういうこと？」と聞けば、かならず何かが出てくる。実践的にも、動詞から考える

石井氏

という試みは非常に面白いと思いました。そもそも、動詞って概念になりうるのかという問いは個人的にもずっとありました。ふつう概念というと名詞なわけですよね。副詞にしても前置詞にしても、もしかしたら概念と呼ぶことは可能かもしれないけど、いずれにしてもそれはふつうの意味での概念ではない。

中島　参考文献がないしね。

星野　そうなんですよ。わたしが担当した「待つ」というテーマであれば、ベルクソンのような哲学者の名前がすぐに出てくるわけですが、最終的には自前の道具で論じるしかなくなる。だから、いつもと比べて執筆は大変でした。

清水　わたしは「触れる」にしたんですけど、使っている文献が英語なこともあって、頭のなかではずっとtouchだったんですね。動詞でもあるけど名詞でもある。

梶谷　touchっていうのは英語の文脈のなかで、用語として使われている場合もあるんですか。

清水　概念じゃないかもしれないですけど、わりとフェミニズムでは中心で何度も出てくる話なので、あんまり……

中島 意外な感じはしない。

星野 touch はそれこそ触覚ですからね。美学をやっていても普通に出てきます。ただ、この「触れる」という動詞は、わたしはむしろ日本語として独特のニュアンスがあって好きなんです。「気が触れる」とか言うじゃないですか。

中島 かつて坂部恵先生が「ふるまい」で探求されていたようなことですね。そうした関与の仕方は、坂部先生以降あんまりないですよね。ですので、坂部先生に対するわたしなりのオマージュがあるものですから、そのようなことがあらためてできるといいなとも思っていました。

石井 『知の技法』から25年という地点で、大学の研究と教育のあり方をもう一度捉えなおそうという試みが本書です。星野さんが書いた「待つ」は、大学のあり方としてはきっと大事なことで、だけど、ただ待つだけじゃない。わたしはなんとなく自分なりの答えをもっていて、ひとつは評価のシステムを利用すること。だから、いまのエコノミーを存分に利用して、そこで、孤独な人たちが集まるようなシステムをつくりたい。それは、端的には言語が違う人たちなんですけど、みんなで集まるって言うときの「みんな」っていうのは、ぜんぜん違うバックグラウンドをもつ人たちであってほしいっていうのがある。それによって大きなアピールをするわけじゃないんだけど、そこである種、知的な・ため・みたいなものができていくっていうのが、実は大学にとってのひとつのメリットっていうかアドバンテージだなっていう感じがするんですよね。だからそこでとくに言語的な多様性みたいなものを、評価システムにのりながら確保して、ゆっくり隠れるっていうのがいいんじゃないかなと思ってます。

中島 若い読者の方がもしこの本を手に取ってくださる機会があれば、いま大学を中心として知について考えている人たちがどのよ

うに苦闘しているかが少し伝わるかもしれない。それは、ただ苦しいというだけじゃなくて、それでも何らかのこうした場所をひらこうとしているわけです。そこに若い人たちには入ってきてもらいたいって思うんですね。そんなに言うほど怖くないから。

清水 そんなことないですよ。言うより怖いですよ。

中島 そうか。まあ、怖いものみたさというのもありますので(笑)、ぜひ飛び込んできていただければと思います。今日はありがとうございました。(了)

2018年11月11日、東京大学東洋文化研究所

III 〈文の共同体〉へ

うたう

村松真理子

　私たちにはまだ「うたう」ことはできるのか。この問いについて、21世紀を生きる者として考えてみたい。

　そう言ってみたものの、そもそもこの問い自体が問い返されかねない。iTunesで、YouTubeで——それ以外のいろんなアプリで——、世界中のうたを、クラシックもジャズも、なつかしいかつての流行歌でも最新のヒットチャートでも、一日中聞き続け、声をあわせられる時代を私たちは生きていて、それこそネット空間に漂いながら、世界のうたを自分のものにできる時代なのだから。

1　ダンテ『神曲』と挿絵に描かれる天使のうた

　ここで、イギリスの詩人ウイリアム・ブレイク（1757-1827）の描いた、ダンテ・アリギエーリ（1265-1322）『神曲』「煉獄篇」第30歌の挿絵で、地上楽園に登場する天使たちの姿を見てみよう。[1]「うたう」行為とはどんなものかについて、西洋文化における一つの典型的なイメージがあらわされていると言えるだろう。ダンテが14世紀に詩として表現したものを、後代の詩人・画家のブレイクが絵画表現に移し替えたもので、ベアトリーチェを囲んだ天使たちがうたい、それをダンテが耳にしている。

　次に、19世紀フランスのギュスターヴ・ドレ（1832-1888）の挿

ダンテ『神曲』「煉獄篇」第 30 歌
ウィリアム・ブレイク挿絵

ダンテ『神曲』「煉獄篇」第 30 歌
ギュスターヴ・ドレ挿絵

絵を見てみよう[(2)]。天国へと向かうダンテが、地上楽園に至る。肉体の重みをもたない天使の飛ぶ様子を見つめていて、そこでは妙なる音楽が聞こえているという場面である。カトリック的世界の最も美しいうたは、天使のうたということになる。このようにともにうたい、それを捧げる行為こそが、「うたう」という行為のオリジンであると言えるだろう。

では、「うた」を英訳すると何に当たるだろう。song だけでなく、（何かについて詠ずる、必ずしも音楽は必要でない）poem も含むだろう。

日本語で「うた」は名詞としてどのような意味をもちうるかも考えておこう。日本語の辞書をいくつか引いてみると、「音楽」や「旋律」とともにうたわれることばの連なりというのが第一義的な意味として説明される。次に「詩」と呼べるもの、つまり、メロディーのあるなしではなく、音律・韻律にあわせてできていること ば、日本語の場合なら「5・7・5・7・7」の 31 の音からなるいわゆる「和歌」をはじめとする詩歌を指す。さらに「謡」とも呼ばれ

るような吟詠される曲や、日本で近世以来三味線などに伴われて語られたり、うたわれたり、歌舞伎や浄瑠璃の劇場などで演奏されてきた曲のことも「うた」と呼ぶ。それから鳥の声、さえずりはじめ、自然の中で私たちが「うたう」ように発せられていると思える音のこと。

　「うたう」、と動詞になると、意味、使い方はさらに広がる。「うたう」という動詞を日本語として考えると、『広辞苑』などの辞書によれば、「①言葉に節をつけて声を出して唱える、言葉に節付けして口にする、詩歌を作ってそれを吟ずる、さえずる。②（多くの人が一斉にうたう意から転じて）多くの人々がほめ、もてはやす、主張する」ということになる。音楽として、朗読として、創作する行為として、名詞の「うた」を現出させるだけでなく、より比喩的な意味をもつ。まず、うたうことが多くの人による行為として、ほめたたえ賛美するという意味に捉えられる。たとえば、「彼女は絶世の美女とうたわれた」というような。そして、「うた」という名詞が、音楽に結びつく第一義的な意味をまずイメージさせるのに対して、動詞になったときはより広い、人々の行為を含むものとなるのではないか。「主張する」という意味にも拡張され、たとえば「自国の立場をうたう」。また「日本国憲法は高らかに平和の理想をうたい、戦争を放棄している」のように、公に宣言することも「うたう」である。「うたう」人はともに「うたう」行為を通して、他の人々と共同体を作るのだろう。コミュニティとして「うたう」という意味が、すでに動詞自体に含まれているようだ。

　「うた／うたう」ということばが英語で song／sing なら、イタリア語では canto, canzone／cantare だ。canto もやはり、リズムと旋律を備えたことばのつながりを第一義的に指し、さらに音楽的に響く「音」である鳥のさえずりや、楽器が奏でる旋律をときに意味する。うたを体系的に学ぶ「声楽」も canto と呼ばれ、イタリ

アの歌唱法を「ベル・カント」というのは、日本でも広く知られている。詩を canto と呼ぶこともあるが、それは特殊な用法で、特に全部で 100 の詩からなるダンテの『神曲』のその一つひとつの詩のことを canto と呼び、現在のイタリア語でも他の一般的な詩とは区別する。

　このように考えると、「うたう」というのは、人が他者に向けて、あるいは他の人とともに共同体として奏でることばであり、音楽である。ダンテの『神曲』のうたが一つの典型であるような、自分たちを超える存在、「神」と呼ばれる存在に対して声に出して呼びかける、「祈る」行為に近い場合もあっただろう。

　芸術の起源はしばしば宗教と結びつけられ、洋の東西を問わず、古の絵画は祭儀が行なわれた場所に残されている。うたも絵と同じように、「神」「神々」に捧げる祈りと結びついていたのなら、うたは人間の身体が声という見えないものに変換され、神聖な存在に対して、垂直的な方向に人々を向かわせるものだったのだろう。

　同時に、心の中の祈りとしてではなく、声によってうたわれてその「うた」が捧げられるとき、それは他の人にも聞かせるものに変わる。他の人に聞かせ、単なるメッセージの内容ではない「何か」を伝えることばの音の連なり。その「何か」のうちで、「賛美」や「祈り」と名付けられるようなものに、特権的な場が与えられていくのではないだろうか。

　賛美や祈りが「うた」として伝えたのは何だったのかを考えてみると、それは関係性や「愛」でもあっただろう。愛のかたちはそれぞれの文化によって、さまざまな表現を持つ。歌い手がともにうたう他者と相対するとき、またはお互いに向けて「うた」を発するときには、それは誰かに「愛」を伝え、ときには「連帯」と呼ぶべき関係を支えるものになる。そのとき、「うた」は水平方向に響く。

　そのような「うた」は宗教的な「祈り」の場に限られない。祭り

においては神や自然に向かってともに祈りを捧げ、日常の場においては共同体の仲間同士がともに働くために励まし合い、二人で向き合う関係にある者同士がお互いへの情愛や感情を交わすために「うたう」。それが、人間のさまざまな文化が継承し続けてきた「うた」本来の姿なのではないだろうか。

2 現代詩の「うた」と「歴史」

さて、20世紀以来、私たちの「うた」と「うたう」という行為は、どのようなものに変わっているだろうか。

現代の私たちの「うたう」行為自体とその可能性を問うために、あえて音楽ではない「詩集」を紐解いて、20世紀初頭の「うたう」声に耳をすましてみたい——それを「文学」とあえて呼んでもいい——。ここでまず、うたう行為自体への問いを発した20世紀イタリアの詩人、エウジェニオ・モンターレ（1896-1981）の詩「レモン（I limoni）」（『烏賊の骨』1925所収）を紹介したい。ファシズムのイタリアにおいて、反ファシズムを貫き、テクストを推敲し書き続けながら、「詩を書く」行為が20世紀において可能なのかという問題自体に向き合った詩人である。1896年に地中海に面した北イタリアの港町、ジェノヴァに生まれ、その青年時代を1920年代以降のヨーロッパの閉塞した社会の現実とファシズムの支配する自国の状況のもとに過ごした。20世紀初頭の激動の歴史的時間を生きた詩人は、検閲という政治と権力のことばや表現への暴力だけではなく、時代の嵐の中で、それに抗しうる「詩」のことばが見いだせるのかという疑問と、その現実的な状況をこえた「詩」や「ことば」の存立自体の問題に向き合うことになる。

詩を書くとは、誰かにことばを向けることだ。この詩の始まりで詩人が選択するのは、「あなた」にまずうたいかけること。「あな

た」に自分の声を聴けと呼びかけるのである。

　レモン

　ぼくの声を聴け。桂冠戴く詩人たちが
　彷徨うのはただ、めったに耳にしない
　名前の木々、シトロンだのリグストルムだのアーカンサスだの
　　　の間だが、
　ぼくは違う。ぼくが愛するのは草が生えた
　堀に通じる道。
　半分乾いた水たまりで、少年たちが、
　やつれたウナギを手づかみにしているところだ。[3]

冒頭でいきなり提示されるのは、詩人の呼びかけと、詩人の生きている風景だ。そして、詩人は田園の生活の風景に自らの視点を置く。神々への呼びかけや、高きに向けられる視点ではなく、日常の暮らしの周りに広がっている場所へと、「あなた」と呼びかけた読者を連れていくのだ。かつての詩人のように「うたう」ことはしないと宣言しながら。そこには、美しい響きの名前をもつ、古典的文学や芸術作品に描き込まれているような高貴な植物はなく、ただ雑草が生えた細い道が堀沿いにつづく。この世界では古典的な音楽が奏でられることも、詩が朗々と詠じられることもない。そこで姿を見せるのは、高貴なる姿の英雄でも、悩める詩人自身や恋人ですらもなく、日常の風景の泥水につかった少年たちだ。彼らはいたずらなのか、食べるためなのか、川を泳いでいる魚、ウナギをつかまえようとしている。そして、海からの長い旅を終えて川をのぼってきたはずのその魚は、少年たちの手にとらえられ、くねくねした細い身体をしならせてもがいているのだろう。

道端の細い小径が
　　葦の穂のはざまを下り
　　ぬけゆく先は、菜園の合間、レモンの木々の間[4]。

堀端につづく小さな道をさらにたどれば、その先には野菜や果樹が植えられている菜園がある。そして、そこにはレモンの木々が立っている。

　　もし小鳥たちのさえずりが、
　　青空にのみこまれ、消えてゆくなら、なおのことよい。
　　ほとんどゆらぐこともなき大気の内に、優しい枝の
　　ささやきが、もっとはっきり聞こえるのだし、
　　地面から離れることのできない
　　あの匂いがして、
　　胸のうちには不安な甘美さがふりそそぐから。
　　ここでは、行き場の逸れた情熱の葛藤も、
　　奇跡のように、沈黙する。
　　ここでは、貧しき我らにも、豊穣の分け分が配られる。
　　それは、レモンの匂い[5]。

人の姿は見えず、人の声が聞こえてくることもない。小鳥のうたでさえ、それは青い空に吸い込まれて私たちの耳にとどくことはない静まりかえった世界。そこでは、かすかに枝をゆらすささやくような風の音が聞き取れ、地面からは懐かしい日の光と土の匂いが立ち上る。五感はその目の前の風景にむかって鋭敏に開かれ、――「私」においてなのか、「あなた」においてなのか――胸のうちを甘い感傷がよぎる。けれどもそこでは激情が涙や喜びとなってほとば

しることはなく、ただ、静けさに吸い込まれて、沈黙する。そして、その鋭敏な感性に訴えるものが柑橘類の香りなのだ。何ももたない、はかない存在にも許される、虚無寸前の、かぐわしい豊かなレモンの香気。

> ほら、物たちがうち捨てられ、
> 自分たちの究極の秘密を明かさんばかりに
> 沈黙しているこのとき、私たちは
> 待つ。自然の誤り、
> あるいは世界の終焉する点、ゆるんでしまった円環を。
> それとも、ついに私たちを真実の核心へ導く
> 解くべき糸のもつれを見つけられないかと望むのだ。
> 眼差しは辺りをくまなく探り、
> 精神は探求し、調和し、分離する。
> 日、暮れなずむ頃、
> 横溢する香りのうちに。
> その沈黙の中、
> 遠ざかる人の影の各々には
> ある欄乱された神聖なるものが宿っている。(6)

ただ、私たちは光を目にし、小鳥のさえずりを聞き、日の光の温かさを感じている。伝統や文化や歴史を信じないことをまるで強いるかのような状況にあって、世界は裸の沈黙の内にのみ存在している。文学も象徴も擬人化も寓意も読み取れないかもしれない。そこにはただ「物」が、世界が、その裸の沈黙の内に存在している。それでも、しじまの内にあって、私たちは何かを感じ取ろうとしている。どこかで、その「自然」の世界において、何かが指示されほのめかされているのではないかと、詩人は、そして詩人の視点を通して読

うたう　169

者は、立ちすくむ。

　夕方のときが近づき、甘美な光がふり注ぐ時間、レモンの香りの中、私たちは詩人とともに、何かを探す。わずかな人の痕跡と影のうちに、「自然」が、人やものを超えた神聖な姿で顕れていないかと、目を凝らす。けれども、それをいったん詩人は否定する。

　　しかし、幻影は不在だ。時が私たちを
　　喧噪の街へと連れもどし、そこでは青色が、
　　煙突のはざまの高きに、ただ切れ切れに見えるだけ。[7]

私たちが実際に身を置く雑踏は、空を見わたすことすらできない。我らに許された黄昏の一瞬にも、何かが示されることはない。世界を動かす存在からの啓示は示されることなく、ただイメージの不在のみがある。私たちに分かるのは何かの不在。否定形でしか私たちは何も信じることができない時を生きている。

　もはや私たちの存在には、静けさも、奇跡の光も、歴史のはざまのゆるやかな時間の流れに身を漂わせる田園の風景すらもゆるされず、喧噪の町に戻るしかない。何もかもが真実の内実を喪失し、ただ、断片的に、見え隠れするだけのその場所では、青空さえも断片でしかない。

　　雨が地面を飽きさせ、
　　冬の倦怠が家々の上に降り積もり、
　　光は衰微する——魂は苦渋して。[8]

建物の屋根と煙突が広がる冬の街の光景は、雨や霧に降られ包まれて、陽光がゆたかに降り注ぐことはない。真っ暗闇でもなく、光輝くのでもない、灰色の世界。けれども、そこに生きる私たちが何の

意識もしていないある時、突然、何かが訪れる。

  そして、ある日、半開きの門から
  ある中庭の木々に交じる
  レモンの黄色が我らの目に飛び込み、
  そのとき、心の凍りは、融ける。
  胸の内に高らかに響き渡る
  その歌声。
  陽光のごとく、黄金に輝くトランペット。[9]

心が何かを求めることすら止めた都市生活の苦渋と倦怠の風景の中、青空をさえぎって立ち並ぶ高い建物のはざま、一つの開いた扉が、私たちの視界に立ち現れるところを思い描いてみよう。集合住宅の中庭が垣間見える、半開きの扉。それは、どこかにつながる門なのだ。突然、その中庭のレモン樹の実のあざやかな黄色が、目に飛び込んでくる。その色が光の記憶を呼び覚ましながら、詩人の胸に、そして私たちの心に流れ込み、かつて見たはずの風景と香りの甘美な追憶を突然喚起する。まるで太陽からふりそそぐ陽光、あるいは天上から響き渡るトランペットのように……それは至高から届く思いがけない「うた」なのかもしれない。閉塞した歴史的状況で感情や期待を捨てた私たちに訪れる、思いがけない「歌声」。

 神聖な超越的存在を見上げてうたを捧げる行為が、なぜモンターレの時代に困難となったのか。それは、そもそも至高なる存在自体を懐疑し、別のことばに置き換え、ついには否定した「近代」という人間の在り方に由来するだろうし、詩人はその只中に身を置いた人であったに違いない。ただし、歴史の混沌と闇の内にあって、モンターレはあえてうたう。そして詩人は自らの声を聞けと、まず詩の冒頭で「あなた」に語りかけたのだ。

ヨーロッパ系の言語において曖昧にしがたいのが「主語」だ。だれが、だれに向かって「聴け」と言っているのか、この詩においてもはっきりしている。二人称単数の「あなた」に「私」の声を聴け、と一人称単数が命令しているのである。では、この「あなた」とはだれなのだろうか。この詩を読んでいる、または朗読を耳にしている読者・聴衆なのか。それとも、作者の前にいると仮定されるだれかなのか。あるいは、詩人自身の中に潜むもう一人の自分なのか。いや、それはヨーロッパの抒情詩の伝統にあるような「あなた」で、愛をむける対象たる「恋人」なのかもしれない……。ここではまず、この詩を読んでいる読者こそが「あなた」だと、つまり読者である私たちへの呼びかけとしてこの「あなた」を理解してみたい。

　詩人は「あなた」に自分のことを聴けと注意を喚起しながらうたいだすが、そのはじめに声を出す瞬間の緊張感を想像してみよう。突然話を切り出さないといけないあの緊張、沈黙を破るおそれ。「私」がだれで、「あなた」はどこにいるのかすら、何もはっきりしない場。うたのはじまりの沈黙の中で、おそらくぎりぎりの何かを「あなた」とのよすがとしながら、詩人は声を発する。

　では、そのような何かとは、ぎりぎりの前提とは何なのだろう？ある、一つに連なることばの系譜、音のつながり。それをかつては文学、伝統、文化と呼ぶことができたし、皆が共有することを問う必要もなかった。しかし、その「伝統」に依拠することがモンターレにはできない。あからさまな引用や言及は避けられ、ほのめかしと目配せは、注意深く耳をすませ、じっくりと目をこらしている者にのみ、ひそやかに向けられている。かつての詩人たちの技巧の見せどころでもあった韻律に則ってことばを連ね、響かせることによってはうたうことがかなわなくなった詩の現実に彼は直面していたのだと言ってもいいだろう。

　このモンターレの声は、20世紀前半に詩人たちの迎えたうたと

詩の冬の季節に発せられたものだ。近代とそれが産み出した「科学」の歩みが進み、20世紀というファシズムや戦争に集約されてしまったさまざまな状況にいたって、古典的にはっきりと刻まれた韻律を繰り返し、それを共有しつつ伝達することはもうできないのだ。伝統に則ることでは表現することがかなわない歴史と現実にさらされていたゆえに、時代の閉塞と政治状況の中で現実をうつそうとすることばを語る自由が失われていたゆえに、さまざまな意味を含意させつつ幾重にもことばとその意味が織り込まれたテクスト－テクスチャーとしての詩が紡がれていく。それは、辛抱強く、すこしずつほどいていくしかないものでもある。神や伝統から断ち切られたと思われた場にこそ、ある日突然訪れ、明らかにされるイメージがあると、モンターレはこの詩で宣言しているようなのだから。

沈黙の広がりの中、その声に耳を傾け、イタリア語詩の系譜をたどってみれば、モンターレに先立つ詩人ダンヌンツィオのうたった豊穣と官能のささやきの余韻が思い出されることになる。また、19世紀末のイタリアで詩を綴ったパスコリの描きだした田園の静寂と嵐の風景と人々を見つめる純粋なまなざしが懐かしく蘇ってくるかもしれない。けれども歴史の嵐に吹かれ、詩の空間自体にたちもどった20世紀初頭の詩人モンターレには、日常の卑俗において、「物」を「物」として削ぎ落し、ことばをことばとして、――あるいは「響き」として――、あらためて分離し、問い直すほかにすべがなかった。

そして、冬の街の喧噪の中で高い空を見上げることもやめてしまった私たちの苦い想いに、日々の見慣れた光景から、ある鮮やかなる啓示と、高らかな歌声が示される偶然があると言うとき、詩人は、打ち捨てられた一隅にそのような啓示が突然訪れる希望を捨てず、それを「あなた」に確認している。詩人の「私」の存在すらが消えたかのようでありながら、やはり呼びかけられている「あな

た」のほうにこの詩は向けられている。

　従来の詩の表現の系譜を捨てても、「詩」は成り立ちうるのだろうか。前世紀前半にたてられたこの問いは、ぎりぎりの可能性をつきつめながら、「うた」として発せられるが、しばしばそこには視覚的な「イメージ」の助けが織り交ぜられている。それを詩人は理性ではなくまず官能において感受し、その徴しを対話者に示す。それが、たとえば、このモンターレの詩のレモンの黄色い色だ。高らかに響くかのように胸に流れ込む、陽光のごとくに輝く黄金のラッパ。「音」に結びつけられ、「香り」とともに喚起されるイメージが暗示するのは、天や神を目指すことがもう不可能だと感じられている現代を生きる多くの「私」たちにも訪れうる、新たな「崇高」の存在だ。私たちは、自分たちの存在を超越する何かを、そして、さらに、それに由来する幸福や希望を、求め続けているのではないか。

　このような問いを他者と共有することが今も可能だとしたら、その問い自体がこの詩に示された「うた」なのだ、とまず言っておくことにしよう。

　では、それを読者はどのように受け止められるだろうか。あからさまなことばで直接語る自由も許されていないとき、詩人は、テクストを受けとめる読者と辛抱強く関係を結ばないといけない。そして、ついに神や伝統と断ち切られた場所にともに足をふみいれ、そこにこそ何かがあるのではないかと宣言する。

　過剰な「物」やことばをそぎ落とし、あらためて根本的な「意味」を問い直す詩人モンターレ。私たちはそのようにしてモンターレが得たレモンの光を、あるいは「啓示」と呼べるような何かを、共有することができるだろうか。別の言い方をすれば、私たちのことばは、レトリックも形式もそぎ落として、伝統に頼ることなく「物」との関係に立ち返る荒涼とした世界で、「他者」と共有することができるようなものなのだろうか。

そこで、私たちは最初の問いを前にしている。つまり、わたしたちの「うた」はどのように共有できるのか、という問いである。視覚的イメージ、官能に答えがあるか。それをこの詩は伝えようとしているのか。それなら、それが私たちに啓示するものは何なのか。ラッパの音は、かつて人々が求めていた「幸福」と言いかえることができるようなものなのか。仮に、せめてこの一連の問いだけでも今も他者と共有することが可能ならば、レモンの「色」のように私たちを訪れる何か、またはそれをともに探し求める行為こそが、私たちの「うた」だと言ってもいいのではないだろうか。

3　「天使」という名の仲介者

　私たちの生きる現代において、高き存在が名指されることはないが、「自然」や私たちの限られた「生命」を超える存在がイメージされるときがあるだろう。ともにそのような何かを求める思いを共有できる場において「うた」が発せられ、詩が生まれるのだとしたら、そのような存在と私たちを結ぶ者をもとめて、同じ詩人が後年呼びかけの詩を発している。そして、呼びかけの対象は「天使」のイメージである。ただし、ダンテの時代の天使とは異なる天使だ。それは輝く真っ白な天使ではない、汚れた、煤まみれの「黒い天使」だ（エウジェニオ・モンターレ「サートゥラ」1962-1970所収）。

　　ああ、大いなる黒き天使よ、
　　煤けたお前の翼の下に
　　私を護ってはくれないか。
　　私がいばらの梳や暖炉に飾られた灯を
　　疎（まば）らに寄せ、
　　火の消えた炭の上に跪くことができるように。

    そこにお前の羽毛の
    いくらかの名残りでも残っているものなら。[10]

　天使は近代以前の人々にとって、『神曲』にも登場していたように、重要なイメージだった。中世神学の大全を著したトマス・アクィナスはじめ、多くの神学者が真剣に議論しているのだが、天使とは、古来神と人間との間に位置し、メッセンジャーの役割を持つ存在とされていた。中世においては、位階や名前が定められ、神と人間の関係の中に位置付けられた。天使たちは輝く光と意思により、（人間には必要な）ことばを交わさずに照明し合い、理解し合う存在でもあった。

　権威ある者として重要な知らせを伝える仲介者の天使が姿を消してから久しく、20世紀に再び取り上げたモンターレの天使は、天上の存在でもなく、人間でもなく、暗がりにいる。私たちが気付かぬところにいるのかもしれない小さな存在だ。

    ああ、小さな暗がりの天使よ、
    お前は天上のものでも人間でもなく
    透明で色あせ、形を崩しながら、
    さまざまに変容し、同じでありつつ
    同じでなく、一瞬お前の語る理解不可能なことばが
    照らし出す光のうちにいる者。

    ああ、黒き天使よ、姿を現せ、
    ただし、お前の閃光で私を殺すことなく
    お前を取り巻く霧を払うことなく
    私の想いの内に顕れてくれ。
    灯に見開いたままでいることのできる目はないのだから。

焼き栗売りの娘のショールに身を隠している
　　炭の天使よ。

　　大いなる黒檀の天使よ、
　　黒い
　　あるいは白い天使、彷徨うことに飽いている者よ、
　　もし私がお前の翼を手にとり、きりきりきしむ音を
　　聞いたなら、
　　眠りの内にそうするようには、
　　朝の目覚めの内に、お前をお前と知ることは叶わないだろう。
　　真実と虚偽の間にあって、どんな針の穴も
　　二足を持つ者とてラクダとて、留め置くことはできないから。
　　そして指の腹に残った
　　燃えかすも固まりも、
　　お前の最後の羽毛の煤には足りない、大いなる
　　灰と煙の天使、煙突そうじの
　　小天使よ。[11]

日常の瑣末さの中に潜み、大きくもあり小さくもあり、黒くて白い存在を、ここで詩人は「天使」と呼ぶ。その天使は、真実と虚偽のはざまにあって、私たちの前にはっきり出現することはなく、痕跡のみを残していくと言う。

　中世に完成されたことばを介さずに照明し合い交信し合う天使という、両性具有で完全な知性的存在のイメージは、ルネサンスにむかって女性化された優しいイメージに変貌していき、さらに小さき無垢なる存在としての幼子のような表象が、家庭的な聖母子像とともに描かれるようになり、いつしか非科学的な前近代を象徴するようになっていく。

ただし、20世紀の芸術家や思想家たちによってその蒙昧なる中世の象徴のような存在が、再び取り上げられた。一旦は科学的近代において姿を消したかのような「天使」が、実際には象徴として、ある種の精神性を示す「装置」として生きのび、現代へと継承されているのかもしれない。

　いや、むしろ「暗黒の中世」「非理性」「前近代」の典型的な不合理性を象徴する表象として引かれることの多かった天使が、あらためて20世紀的な状況を表す存在になったと言うほうがいいだろう。おそらく、近代の「理性」や「科学」や「進歩」という歴史観に疑義が呈示されるようになった、つまり「反近代（アンチモダン）」の潮流において、再び「天使」のイメージが象徴としてよみがえったのだ。

　この20世紀的な意味での現代的天使とは、モンターレによればどんな姿をしているのか。中世の天使たちが光の存在であり、身体の束縛をうけない、軽やかな精神と知性であったのに対して、天上にも、人間の世界にも属さず、暗がりにいて、透明でかたちも変化をつづける。そして、その語る「ことば」が、あるとき一瞬、光を放つのだ。黒い煤の内にいながら、同時に白くもあるような者。つまり、二重の存在、二義的な存在、とらえがたい曖昧な存在。

　ドイツ語で思索した哲学者ヴァルター・ベンヤミン（1892-1940）の語った有名な天使についても思い出しておこう。ナチスを逃れ、フランスで自死した思索家が死を前に1940年に記した『歴史の概念について』の中で、画家パウル・クレーの「新しい天使（アンゲルス・ノーヴス）」のイメージが想起される。ベンヤミンの天使は、モンターレの黒い小さな天使とは異なる、激しい暴力にさらされた存在だ。

　「新しい天使（アンゲルス・ノーヴス）」と題されたクレーの絵がある。それにはひと

パウル・クレー「新しき天使」1920

りの天使が描かれていて、この天使はじっと見詰めている何かから、いままさに遠ざかろうとしているかに見える。その眼は大きく見開かれ、口はあき、そして翼は拡げられている。歴史の天使はこのような姿をしているにちがいない。彼は顔を過去の方に向けている。私たちの眼には出来事の連鎖が立ち現われてくるところに、彼はただひとつの破局(カタストローフ)だけを見るのだ。その破局は、ひっきりなしに瓦礫のうえに瓦礫を積み重ねて、それを彼の足元に投げつけている。きっと彼は、なろうことならそこにとどまり、死者たちを目覚めさせ、破壊されたものを寄せ集めて繋ぎ合わせたいのだろう。ところが楽園から嵐が吹きつけていて、それが彼の翼にはらまれ、あまりの激しさに天使はもう翼を閉じることができない。この嵐が彼を、背を向けている未来の方へ引き留めがたく押し流してゆき、その間にも彼の眼前では、瓦礫の山が積み上がって天にも届かんばかりである。私たちが進歩と呼んでいるもの、それがこの嵐なのだ。(12)

(『歴史の概念について』1940)

この天使は嵐にさらされている。「歴史」という嵐だ。それはまた「破局」であり、「進歩」と呼ばれてきたものでもある。

　それに対し、1960年代にモンターレが描き出す天使には、劇的な風が吹きつけることはなく、眠りと目覚めの境界も定かでない。世界は、歴史の激動と進歩の果てに訪れた破局と瓦礫から、あらためて歩みだしたのかもしれない。けれども、その先を生きる詩人の世界では、そもそも天使の姿を認めることができないのだ。私たちの内にあらわれてくれることを、願うしかない。

　この暗がりの中、煤を置いていく者からの微かな火の光を私たちが見ようとするなら、日々の語りの中に連ねられることばを頼りにするしかない。轟く天からの高らかな歌声ではなく、ひそやかな語りと対話の中に。あるいは、天があるのかすらわからない、生と死の連環の中に。それはかつての炎の燃えかすのようなものの中にあるという。そして、未知なる「死」の向こう側にある何かは、私たちの眼前に見える「物」の「世界」とのつながりのうちにのみ、探しうるものにちがいない。

　この天使は、私たちの周りの小さな物の間に潜んでいるらしい。たとえば、モンターレが愛した、魚であって魚とも言い切れない、ウナギのような生き物にその姿が現れるのかもしれない。

　　ウナギ

　　ウナギ、冷たい海のサイレーン。
　　バルト海を後にし、
　　我らの海、我らの川にたどり着く、
　　底深く、逆らう流れを避け、溯って。
　　支流の枝から枝へ、
　　細き流れから流れへ、

陸の内へと、地の
　　　中心へとむかっていき、
　　　泥で濁った運河の水を通り抜ける。
　　　するとついに、クリの木に射られた光が、
　　　澱んだ水のみずたまりで、その翻える身をきらりと照らすのだ。[13]

ウナギは、エヴァをそそのかした忌むべきヘビのような動物でもあり、泥水の中でも棲む魚である。けれどもモンターレはそれとはまったく別のイメージをこの魚に見いだす。川と大海を小さな身体で行き来する生命の躍動感。光と化して大海にむかい、生まれた水にもどる存在……

　　　それは、アペニンの山々からロマーニャの野へと
　　　下りゆく、灌漑の水路。
　　　ウナギ、それは地に降った松明か、笞か、
　　　愛神の矢か。
　　　我らの渓谷と、ピレネーの山々をぬう
　　　水浅きせせらぎこそ、
　　　産卵の楽園へと導くただ一つの道。
　　　焼け尽くされ、荒れ果てた
　　　その場所で、
　　　命を求める、碧き魂。[14]

ただし、煤の中の天使と同様、この小さなはかない光の魚は、「レモン」の詩の少年たちの手で、泥水の中ですでに捕まえられているかもしれない。その光の存在は、何もかもが焼き尽くされたその場所で、泥の中から生まれる新たな始まりであると、この詩はうたうのだ。そして、それは愛する「あなた」の瞳に比されるもの。

何もかもが炭となり、
　地にうずもれたかと見える、その場所から、すべては始まるの
　　　だと、
　告げる閃めく光。
　それは、短い虹。
　あなたの泥の中にいる、人の子らの間であなたが輝かせる、
　睫毛の間からのぞく瞳の、双子の妹。あなたは、
　その虹が、あなたの妹だと信じないか。[15]

　ここで再び私たちの「うた」は、喪失したと思える「物」や、消え去って行った者たちとの繋がりを取り戻そうとする。日常や自然の中にある小さな存在を発見し、その回復の試みとして発せられるのだ。そしてそのとき、それは追悼の哀歌ともなる。

　私たちはあちら側用に
　口笛を練習したものだった、お互いをお互いとみとめるために。
　私は今それをやってみる、ああ、もう、
　私たちがそろって、それと知らぬ間に死んでいればいいのにと
　　　願いつつ。[16]
　　　　　（エウジェニオ・モンターレ「サートゥラ」1962-1970所収）

　ここでは、モンターレの詩のことばが指し示している神なき世界の不安によりそって、問いかけてみたい。絶対的な「神」や「至高」の存在を求めることすら困難な現代人にとって、「愛」と「幸福」は与えられうるのか、と。そして、それは何を意味するのか、と。その問いに応答するように、晩年のモンターレは亡き妻への哀歌を、口語的なやさしいことばづかいで書いた。「神」を名指すこ

とのできない世界で、人生という時間を超える時の流れや、超越的な「崇高」なる存在を、なお求め、ほのめかし、うたうことと、親しい死者への哀歌は、おそらく通底している。

20世紀までの「近代」を、「理性」という名の下に人間の進んできた歩み、もしくは「歴史」ということばにいいかえてみる。「歴史」の果てにあって、私たちは私たちの存在をつなぐ共通性や「普遍」を見いだせるのかという根源的問題に向き合っている。それは、この世界において、仲介者としての天使に——ひとつの終焉をみた後に残された世界で、瑣末な日常にひそんでいるかもしれないメッセンジャーのような存在に——私たちは出会えるのか、という問いである。その問いは、レモンのような「啓示」に気づき、共に何かをさがしながら、「歌声」を共有することが可能なのかという、私たちの「うた」をめぐる問いにつながる。

「うたう」行為のオリジンを考えるところから出発し、さいごには私たちの21世紀の今の暮らしに、どのような「うた」あるいは「詩」がありうるか、そしてどのような「うた」の場があるかを、考えてみたい。グローバリゼーションが進む今日の世界において、声をあわせて「うたう」ことはできるのか、人間はいかなる表現や価値を共有することが可能なのか。「うた」は仲介することができるのか。

それが非常に劇的な、深刻なかたちで問われているのが、まさに私たちが日々生きている状況であり、近年、宗教や政治的な信条が原因や動機として語られる衝撃的な事件が、立て続けに起こっていることが思われる。私たちが、ともにひとつの「神」、あるいはひとつの「価値」にむかって「祈る」ことができない時代を生きていることは確かだ。そこで聞こえてきたうたを思い出そう。

たとえば、そのひとつはフランスの国歌、「ラ・マルセイエーズ」だった。「フランス革命」の自由と連帯と人権を求める人々の間で

生まれたこの闘いのうたが、テロの犠牲者を出したパリの街路や広場で歌われた。21世紀においても暴力の発現を前にした人々がともに声をあわせる「うた」の役割を思い出させただけでなく、異なる「他者」との共生が今どんなに困難かを思わせたのではないだろうか。

「YouTubeに流れ続ける音楽」と最初に述べた。うたはもう対価を払って消費するものですらなく、電子化され、反復され、増殖し、漂う。けれども、その共有の場が、限りなきズレと揺らぎのうちに投げ出されていても、「うた」と呼べるものが私たちに残るとすれば、それはやはりことばの意味を超える何か、さまざまな「愛」と「傷み」の共有と、「追悼」でありつづけるのではないだろうか。

一つの至高の存在を人々がそろって求めることも、自らの信じる価値体系を他者に強制することもできない現代という時代にあって、多様な価値と表現の共存を、日常のことばと生活の中に模索し新たな共有を希求する思い。そして、それをことばにし声に出し、うたうこと。そのような「うた」に、「うたう」という動詞をめぐる今日の私たちの問いは重なる。

註

(1) ダンテ・アリギエーリ『神曲〈Ⅱ〉「煉獄篇」』寿岳文章訳、集英社文庫、2003年、379-391ページ。集英社文庫版は、ブレイクの挿絵が収録されている。

(2) ダンテ・アリギエーリ『神曲「煉獄篇」』平川祐弘訳、河出文庫、2009年、413-426ページ。河出文庫版は、ドレの挿絵が収録されている。

(3) Eugenio Montale, *Tutte le poesie*, Milano, Mondadori, 1989, p. 11.

(4) *Idem.*, p. 11.

(5) *Idem.*, p. 11.

(6) *Idem.*, pp. 11-12.

(7) *Idem.*, pp. 12.

(8) *Idem.*, pp. 12.

(9) *Idem.*, pp. 12.

(10) *Idem.*, p. 378.

(11) *Idem.*, pp.378-379.

(12) ヴァルター・ベンヤミン「歴史の概念について〔歴史哲学テーゼ〕」『ベンヤミン・コレクション〈1〉近代の意味』浅井健二郎編訳、久保哲二訳、ちくま学芸文庫、1995年、653ページ。

(13) Eugenio Montale, *Op.cit.* p. 262.

(14) *Idem.*, p. 262.

(15) *Idem.*, p. 262.

(16) *Idem.*, p 262.

【図版出典】

ダンテ『神曲』「煉獄篇」第30歌　ウィリアム・ブレイク挿絵

https://en.wikisource.org/wiki/Divine_Comedy_(Longfellow_1867)/Volume_2/Canto_30#/media/File:William_Blake_001.jpg

ダンテ『神曲』「煉獄篇」第30歌　ギュスターヴ・ドレ挿絵

https://it.wikipedia.org/wiki/Purgatorio_-_Canto_trentesimo#/media/File:Pur_30_beatrie.jpg

パウル・クレー「新しい天使」1920年

https://en.wikipedia.org/wiki/Angelus_Novus#/media/File:Klee,_paul,_angelus_novus,_1920.jpg

◆ **基本文献案内**

ここでは、本稿で試みた「うたう」についての「現代詩」や「文学」との関わりでの議論につき、特に文中で取り上げたイタリア詩の分野とテクストの周辺に限り、読書案内としたい。

イタリア文学・世界文学の古典、ダンテ・アリギエーリの100篇の詩cantoからなる『神曲』は、「うたう」ことの意味と、その「うた」によってどのような広い世界を構築できるかを示す中世文学の金字塔。現在いくつかの翻訳を文庫版で読めるが、その中から、以下の3つのエディションをあげておく。それぞれ地獄、煉獄、天国の3巻からなる。

ダンテ・アリギエーリ『神曲』山川丙三郎訳、岩波文庫、1953年
ダンテ・アリギエーリ『神曲』寿岳文章訳、集英社文庫、2003年
ダンテ・アリギエーリ『神曲』平川祐弘訳、河出文庫、2008年

この長大な作品全体を見通したい、できれば読み通したいという読者への小さなガイドとしては、拙著で恐縮だが、以下がある。

村松真理子『謎と暗号で読み解くダンテ「神曲」』角川書店、2013年

20世紀イタリア現代詩は国際的にも高く評価されているが、日本語の翻訳は少なく、残念ながら本稿で紹介した**エウジェニオ・モンターレ**は日本語で読むことのできる詩集はない。ただし、モンターレも含むイタリア20世紀現代詩の紹介としては随所に訳文が添えられた、**須賀敦子「イタリアの詩人たち」**（『須賀敦子全集』第5巻、河出文庫、2008年所収）がある。エッセイストとして後年広い読者を得た須賀がイタリア文学者としてもともと1970年代に書いた文章だが、現在も若い読者を現代イタリア詩の豊かな世界に導いてくれるだろう。また**アデーレ・デイ「二〇世紀詩のアトラス」**（村松真理子編『旅　テクストへ／テクストから――文学・哲学・歴史をめぐる現代イタリア・地中海からの発信』UTCP Booklet22、2012年所収）は、

明晰で刺激的なイタリア現代詩紹介の講義録である。そのほかにイタリア現代詩の日本語訳として、以下を挙げておこう。

ウンベルト・サバ『ウンベルト・サバ詩集』須賀敦子訳、みすず書房、1998年（前掲河出文庫版、『須賀敦子全集』第5巻に再録）

サルヴァトーレ・クァジーモド『クァジーモド全詩集』河島英昭訳、岩波文庫、2017年

ジュゼッペ・ウンガレッティ『ウンガレッティ全詩集』河島英昭訳、岩波文庫、2018年

「歴史概念」とクレーの天使についてのベンヤミンの論考は、本稿では3巻にまとめられた「ベンヤミン・コレクション」の文庫版エディションの第1巻から引用した。

ヴァルター・ベンヤミン『ベンヤミン・コレクション〈1〉近代の意味』浅井健二郎編訳、久保哲二訳、ちくま学芸文庫、1995年

ベンヤミンから出発し、イタリア現代思想の観点から新たな光を「天使論」に当てた論考としては、マッシモ・カッチャーリとジョルジョ・アガンベンの二人を無視することはできないが、ここでは日本語で読むことができるカッチャーリの以下の著作を紹介しておく。

マッシモ・カッチャーリ『必要なる天使』柱本元彦訳、岡田温司解説、人文書院、2002年

書く・隠れる

石井剛

闇夜は僕に黒い目を与えた。
でも僕はそれを使って光をさがす。
———顧城

　中国の詩人顧城（1956-1993）の、「ある世代」と名づけられたこの詩は、今でもなお、自分たちの境遇が暗黒に囲まれていることに苦悩する人たちを鼓舞している。一本のペンと一枚の紙から生み出されたわずか二行のことばは世代を超え、立場を超えて人を感化してやまない。

　詩に表現される「闇夜」とは文化大革命（1966-1976）の混乱であり、「ある世代」とはそれをくぐり抜けて新しい時代を迎えようとする彼ら若者世代であるとされる。鄧小平（1904-1997）の指導の下で改革開放政策が本格的に始まったばかりの1979年にこの詩は書かれている。文化の革命という名の下に徹底的な文化破壊が行なわれた暗黒の時代からの再出発の希望が開けようとしていた。まさにその時、顧城は黒い目に頼って、何も見えない闇夜の漆黒の中から、文化の再生の一翼を担ったのだった。

　書くこと自体が光明だったのではない。彼は、書くことの向こうに希望をさがそうとしたのである。同時にわたしたちは、「闇夜」が中国語で「黒夜」であることに注意しなければならない。目の黒さとはある種の原罪意識を含んだメタファーなのだ。

1　書かれたものは無力か

　書いて記録に残すことはひどく無力なたたかいであると、この2年ぐらいの間で急速に感じざるを得ないようになってきた。たとえそれが公文書であろうと、それとも事実に基づいた新聞報道であろうと、ある人がその内容をフェイクだと否定すれば、それに追随する人々が現れ、勢いを制し、簡単に認知されるはずだった白昼の事実が否定されていってしまう。ましてやそもそも公的な記録がさまざまな理由で存在していない、個人的な記憶だけに頼った手記や見聞録に至ってはなおさらの劣勢である。

　かつてハンナ・アーレント（1906-1975）は、そこに送り込まれた人間が存在していた痕跡すらをも抹消してしまうような、ナチスによる収容所のメカニズムを「忘却の穴」と呼んだ。だが、いまの世界を覆っているのは、真実の声をかき消すほどの過剰なことばの氾濫である。インターネットでSNSを開くと、そこには匿名性をいいことに罵詈雑言が溢れ、次々に「炎上」が起こり、敵が敵を生んでいく。書かれたことばのか弱さと暴虐さとが同時に増幅し合う日常。そのなかでわたしたちはいま生きている。

　書くこと、書かれたものを読むこと、この二つの行為は人間の文化の基本であり、これらをともに欠いた人文学は想像しがたいと言えるだろう。だが、ことばの氾濫と、ことばへの信を欠いた無責任な饒舌の前で、いまや気息奄々たる難局に迫られているのは人文学そのものなのだ。なんとも強烈な皮肉であるというほかない。

　思えば、遠い昔、あのソクラテス（BC469-BC399）も書かれた文字に対する不信感を募らせていたのだった。

　　じっさい、パイドロス、ものを書くということには、思うに、次のような困った点があって、その事情は、絵画の場合とほん

とうによく似ているようだ。すなわち、絵画が創り出したものをみても、それは、あたかも生きているかのようにきちんと立っているけれども、君が何かをたずねてみると、いとも尊大に、沈黙して答えない。書かれた言葉もこれと同じだ。それがものを語っている様子は、あたかも実際に何ごとかを考えているかのように思えるかもしれない。だが、もし君がそこで言われている事柄について、何か教えてもらおうと思って質問すると、いつでもただひとつの合図をするだけである。それに、言葉というものは、ひとたび書きものにされると、どんな言葉でも、それを理解する人々のところであろうと、ぜんぜん不適当な人々のところであろうとおかまいなしに、転々とめぐり歩く。そして、ぜひ話しかけなければならない人々にだけ話しかけ、そうでない人々には黙っているということができない。あやまって取りあつかわれたり、不当にののしられたりしたときには、いつでも、父親である書いた本人のたすけを必要とする。自分だけの力では、身をまもることも自分をたすけることもできないのだから。[1]

ソクラテスの考えはおおよそ次のように整理できるだろう。書くという行為は記憶の外化であり、それは魂の堕落を招き、真実の知恵から人を遠ざける。書かれたことばは対話の相手とはならず、しかもそれは書き手の意思とはまったく無関係にどこへでも流通し、不当な扱いを受け、そして自らを救うこともできない。ソクラテスはそう言って文字によって書くことの意義を貶める。なるほど、ソクラテスの嘆きは、書くことと書かれたものについて今日においても見られる弱さと傲慢さの本質を言い当てているようである。

　ソクラテスの場合、書くこと、そして書かれたことばを否定する代わりに真に信頼に足るとされたのは、「魂の中に書きこまれたこ

とば」であった[2]。それは実は声によって代表されることばではなく、書き出される以前のより根源的な書きことばだったはずであるというのは、かの有名なジャック・デリダ（1930-2004）の「原エクリチュール」（根源的な書きことば）論だ。根源的な書きことばはまだ書かれていないのだから書きことばではない。またそれはいったん書き出されてしまえば、すでに別のものに変わってしまうので、明確なかたちをもっているものでもない。つまり、「根源的」というのはあくまでも痕跡のようなものだ。

この「原エクリチュール」という概念を導入することで、デリダはきっと、言語の起点となる本質を定めるかわりに、相互に差異を残しながら次々と生成する運動として言語をとらえ直そうとしたのだろう。そうだとすれば、書かれたものはむしろ、書き手から離れてしまう点においてこそ意味があるということになる。「魂の中に書きこまれたことば」だけが真実なのではなく、ましてどこにあるのかわからない「魂」がことば以前に真実の存在としてあるわけでもないだろう。書くという行為が記憶や想念を外化することによって、それらの持ち主である「わたし」（これもどこにあるのかよくわからないものだ）と書かれたものとのあいだに、初めて「魂」らしきものが生起してくるのではないだろうか。

敢えて強く言うと、わたしたちは、書くことによって、実は、そのつど救われているのではないだろうか。だから、わたしたちは書かれたものの脆弱さを知りつつも、なおも書きつづけるのではないだろうか。

2　廃墟からの文化恢復

さて、「書く」と言っても、何を書くのか、何を使って書くのか。書くという行為は千差万別であるし、すべての人間にとって可能な

行為でもないし、一様に必要であるとも言えないだろう。そのための道具や教養が伴って初めて書くという行為は可能になる。そういう意味では、書くことは人間にとって不可欠なものではたぶんない。それに、書くことは往々にして苦行であり、文字通り命をすり減らすものだ。だが、書くこと、つまり記録することによって、わたしたちは記憶を共有する。それは歴史のはじまりだと言ってもいい。本稿では、書くという行為を主に歴史との関わりで考えてみることにする。

だが、そのように考えたところで、書かれたものの弱さが克服されるわけではない。

書かれたものの脆弱さをまざまざと描いた例として、例えば、徴兵されて中国への侵略戦争に加担した武田泰淳(1912-1976)は、廃墟と化した中国で、書物が「馬糞の山の下積み」に成り果てた光景に打ちのめされた体験について述べている。

> 学校には倒れた机の上に泥にまみれた教科書があり、図書館には号の揃った「新青年」や「歴史語言研究所集刊」などが雨水に打たれていました。それは淋しくもはかなき文化の破滅のように見えました。〔…〕私たちの熱心に研究した古典も今は一銭の価値も無いものの如く打ち棄てられておりました。東洋文庫の書庫にもないような明刊本も馬糞の山の下積みになっていました。文化とは何と無力なものであろう。〔…〕我々が研究し愛着を持った支那の文化というものはかくも無力に破壊され消滅して行くものであろうか。私は足下に積み重なっている煉瓦の山を眺めて考えました。[3]

近代中国の新しい文化運動を牽引した雑誌も、300年以上昔の貴重書も、みな同じように打ち棄てられている。戦火の前に書物の文化

はかくも無力だ。瓦礫となった公園にたたずむ武田にとって、書物は、暖を取る焚火の薪にしかならない。

> 豆葉池という池に臨む小さな楼の上で私は焚火をしました。焚火に使う薪は立派な木版本であり、火を入れるには五色の花瓶を使用しました。朱子全書や宋史や拓本の類が燃え上り灰となる頃美しい五彩の花瓶も熱のために花弁のように割れました。私は陶器の破片と古典の灰とを秋の池の中に沈めました。(4)

言うまでもないことだろうが、武田泰淳は東京帝国大学支那文学科で竹内好（1910-1977）と出会っている。新しい中国の文学の研究によって古い支那学を乗り越えようと竹内とともに結成した中国文学研究会は、郭沫若（1892-1978）や後述する章炳麟（1869-1936）からも好ましく迎えられていた。武田自身は結局大学に我慢できず、一年で退学してしまったとはいえ、新時代の中国文学研究を背負うことを嘱望された若き研究者であったことはたしかだ。その動機を支えていたのは、中国における新しい文化創造の運動に対する強い共感だったはずであり、そういう人間としての、中国での戦場体験である。

　しかし、武田が覚えた無力感とニヒリズムは、決して書物からの訣別を意味するものではなかった。武田は続けてこう言う。

> 二十四史が何だろう。北京図書館が何だろう。万巻煙となって消ゆるとも自分の馬鹿面だけは残っていてくれる。すべてのもの焼け失せるともなお自己の「文化」をだきしめている身一つが残ったらそれでよいではないか。だきしめる物一つなく文化ということの軽々しさよ。私は支那の文化をいじくりまわすあのいやらしい手つきを見たくはない。愛することもなく利用す

書く・隠れる　193

ることばかりを知っている「研究」が何であろうか。文学に対する情熱のない文学史が何であろうか(5)。

　書物が畢竟灰燼に帰す運命を免れないと気づいたときに、「自己の「文化」をだきしめ」るようにして、彼は「文学に対する情熱」をもう一度拾い直そうとする。書かれたものの無力によって、武田は自らを書く者へと転化していったのだ。戦場から帰った武田は、「司馬遷は生き恥さらした男である」とのことばで始まる評伝『司馬遷』を書いて、文筆家としての名声を確立する。

　書かれたものの無力さを痛感した人間がなぜ再び筆を執り書き始めるのかと問うには及ばないだろう。事実は、そのような人間にとって、書くことこそがニヒリズムを脱する方法だったということなのだ。そして、そのような例をわたしたちは歴史の中に繰り返し見てきたはずである。武田が『史記』を完成した司馬遷（BC145?-BC86?）の評伝において、書く者としての再生を成し遂げたことは象徴的だ。なぜなら、書くこととは古代中国において「史」を書くことにほかならなかったのだし、司馬遷が『史記』を書いたことそれ自体も、ニヒリズムに陥りかけた人間による、そこからの脱出の最終手段だったからである。

　　司馬遷は生き恥さらした男である。士人として普通なら生きながらえるはずのない場合に、この男は生き残った。口惜しい、残念至極、情なや、進退谷(きわ)まった、と知りながら、おめおめと生きていた(6)。

『史記』を書くのは恥ずかしさを逃れるためだと武田は説明している。しかし、同時に彼は司馬遷が「書くにつれてかえって恥ずかしさは増していた(7)」のだとも言う。戦地から帰った武田自身がここで

司馬遷に重ね合わせられているのを感じることができるだろう。

　歴史ではなく敢えて「史」と言ったのにはそれなりにわけがある。『史記』という書名は、直接には太史公の記録を意味している。太史公というのは司馬遷の尊称でもあるが、そのように呼ばれたのは、彼の父親である司馬談（?-BC110）を継いで太史令という官職にあったことに由来する。古代中国においては、文書を司る官職は史（史官）と呼ばれる。文字を作ったとされる倉頡が黄帝の史官だったことが思い出される。太史令とは史官の長という意味だ。史が扱う記録は人事のみならず天体の運行をも含む森羅万象を対象としており、史は文字に与る特権的な官職として、世界のすべてを記録したのだ。いや、より正確には、史が記録したものだけがそのまま世界になり、それ以外に世界はないのである。武田泰淳は述べる。

　　史官は記録者である。唯一の記録者である。彼が筆を取らねば、この世の記録は残らない。そのかわり、書けば、万代までも、事実として、残るのである。書くべきことと、書かなくても良いことを、定めるのが、彼の役目である。書くべしと思い定めたことは、如何なる事があろうと、書かねばならぬ。天に代り、人間を代表して記録するのであるから、なまやさしき業ではない[8]。

史としてものを書くとはおよそこのような行為であった。これは、書くことが誰にでも許されていたわけではなかった時代の特殊な技芸として始まったことに由来するだろう。書くとは本来、高度なアイテム（竹簡とか布帛とか、もっと遡れば青銅器やさらには亀甲に至るまで）の使用が可能で、文字というこれまた高度な教養を所有している人間だけに許された行為であった。だからこそ、古の史官は政府の官職の一つにすぎないにもかかわらず、官職としての責任よりも

重たい責任を自らの矜恃に課していたのだと言える。よく取り上げられる例として、『春秋左氏伝』に記録され、『史記』にも伝えられ、武田もまた『司馬遷』の序文たる「司馬遷伝」のなかで言及した物語に、斉の崔杼による主君殺しの事件がある。『史記』はその簡潔な筆致でこう伝える。

　斉の太史、書して曰く「崔杼、荘公を弑す」と。崔杼、之を殺す。その弟、復た書し、崔杼復た之を殺す。少弟、復た書す。崔杼、乃ち之を舎つ。　　　　　　　　　　　（『史記』斉太公世家）

崔杼は自らの不忠な殺害を記録した太史を殺した。それに対し、太史の弟は再び同じ記録を行ない、その結果、また崔杼に殺される。しかしそれで終わりではなかった。末弟が出てきてもう一度書き記したのである。今度ばかりは崔杼もそれを放免したという。

3　弱者の抵抗

しかし、この物語は壮絶だが英雄的に過ぎる。もちろん、だからこそ『左氏伝』と『史記』という、歴史の文明たる中国文明を代表する二つの経典的書物に記されたのだろう。だが、現実の人間はもっとひ弱だし、政治はもっと酷薄に人々をニヒリズムの淵に追い込もうとする。たとえば、そういう歴史としてわたしたちは清代前期の文字獄のことを思い出すことができる。異民族として中華文明に覇を唱えようとした清朝政権は、その統治に反対するあらゆる言論を取り締まろうとし、反朝廷的なニュアンスを含む文字や文章を徹底的に弾圧した。一方で、科挙試験のうちに博学鴻詞科という特例を設けてその合格者に『明史』編纂を委ねたり、「四庫全書」という世界最大の勅撰叢書編纂事業を興したりと、漢人籠絡のための

文化政策を推進する。だが、「四庫全書」の編纂は危険書物のリスト化と発禁・廃棄を命ずる禁書とセットで行なわれた。この「乾隆禁書」は清代文字獄の総仕上げと言われるほど苛烈なものだった。この時代の読書人たちの無念と恐懼の深さは推してなおあまりある。

 だが、この政策は功を奏し、清朝の統治が落ち着くころには、それ以前の雄弁な哲学的思索や経世の言論が書かれることはなくなり、それに代わって政治的に無害な文献考証の学問（漢学）が流行した。そこでは価値中立的な「学問のための学問」が尊ばれ、その結果、士人の道徳心は地に墜ちたのだと、清代末期の改革派知識人梁啓超（1873-1929）は述べる。

> 漢学などは、〔…〕弁論が千万言に達しても、すべて本心から出たものではない。固く身を保つのに、これほどすばらしいものはない。才智ある士はこれを得るや、世におもねり名声を盗用する秘密の鍵とみなし、もはや名節を守ることなどすっかり顧みなくなった。したがって、宋学の弊害は偽善者が出てくることであったが、漢学の弊害は、そのように偽ることすらもなくしてしまったことにある。

強権的な政治による弾圧と籠絡、そしてその結果としての文化の堕落。命をもって崔杼の殺戮を記録した三兄弟にとっては許しがたい現実であるかもしれない。とは言え、こうした現実は、紙も印刷術もなかった彼らや司馬遷の時代に比べて、わたしたちが暮らす今日のほうにはるかに近い。紙があり筆がありさえすれば強権に屈せずに書きつづけられるという信念は、こうした厳しい現実をくぐり抜けるだけの覚悟を維持できるだろうか。また近代の強権は崔杼ほど簡単にあきらめるだろうか。さらに言えば、こうした文化政策が奏功し、考証学が隆盛を極めた乾隆・嘉慶年間は、同時に清帝国がそ

の栄華を最も誇った時代にほかならなかったのだ。一部の高潔な士人が覚悟を以て命を賭しても、それに振り向き憐れむ人はどれほどいるだろうか。「ペンは剣よりも強し」と唱えるにしても、ただ斉の太史たちのような英雄主義を称えるだけでは、それこそ壁にぶつかるタマゴのようにもろく崩れるだけではないか。

　見方を変えてみよう。梁啓超の論敵であり、清朝打倒の革命を鼓吹した章炳麟は次のように述べている。

> 魏源は「李申耆伝」を著し、乾隆中期、恵定宇、戴東原、程易疇、江艮庭、段若膺、王懐祖、銭暁徴、孫淵如、臧在東兄弟は、争うように漢学に従事し、天下の知恵を役立たずのものにしてしまったと言った。〔…〕あのような時代には、中国は、暗黒で何事かを成すべくもなかった。そうしようとしても、助力を受けるにたるほんの小さな力さえもなかった。士人たちはみな手を抜いてただ俸禄のために仕官することだけを考えるようになって久しかった。それで彼らはおそれをなして、こびへつらい疎遠な者にも取り入った。「仁義を侯の門にぬすむ」と言うように、「仁義」は権勢の弄ぶところとなっていたのだ。そのようなわけで、漢学を教授し、奇々怪々な企てを捨てさせた。もし、免職になれば、間に合わせにもなるし、出仕するなら朝隠するというわけだ。それで十分なのだ。(11)

魏源（1794-1857）は、日本でも影響の大きかった地理書『海国図志』の著者として知られる経世学者であり、政治への不問を貫いた漢学者を批判した。当時、中国は暗黒政治に覆われており、政治的な主張はそもそも許されなかった。士人たちはただ俸禄のためだけに官途に就き、身を守るためには媚び諂うことも厭わなかった。漢学はそのような風土の中で生まれた。豊かな経済のもとで現れた文

人趣味や蔵書熱は彼らを養うにはじゅうぶんなほどだったし、仕官するとしても、それはあくまでも「朝隠」して俸禄を食むにすぎない。そして、そうする以外の道は彼らにはなかったのだ。こうしたことから、章炳麟は漢学が「天下の知恵を役立たず」にしたという魏源の批判は正しいのだと述べる。一見したところ、章は魏源に同調している。だが、彼が自他共に認める漢学の正統な継承者だったことを知る者にとって、これはただならぬ評価だ。

　鍵は「朝隠」という見慣れぬ語にある。「朝」は朝廷のこと、「隠」は「隠遁」、「隠逸」などに通じる。朝廷にいながら世を捨てた隠者のようにふるまうという意味だ。だが、章炳麟の用語において、それは現実からの逃避とはやや異なる。彼は「隠」の字を「依拠する」と訓釈する。漢学的文献考証学の正統を自認する章炳麟にとって、考証学者たちの学問とは、暗黒の政治の中で、彼らの民族的アイデンティティのもととなる古の文化や諸制度の理想（これを総称して「礼」という）を保存し、来たるべき時代の勢いに備えることにほかならなかった。俸禄を提供し生計を支える朝廷は、そのために「隠」する、すなわち依拠してもたれかかる仮住まいだったというのである。朝廷にとって役に立つこと以外、学問の有用性が求められなかった時代に、学者たちが「天下の知恵を役立たず」にしたのは、堕落ではなく、抵抗だったというわけだ。「朝隠」の人々にとって、守るべき「名節」は別のところにあったのだ。このような「隠」の学問を章炳麟は「学隠」と呼ぶ。厳しい言論統制のもとで、なおも記憶を保存し、感情を仮託するよすがとして学問の中に「隠れる」ことで、学者たちは自らの節義を保とうとした。

　もう少し章炳麟のことばを拾ってみよう。

　　政治が日に日によくなることを「積極」といい、日に日に悪くなることを「消極」と言う。「消極」であれば、事を立てるに

は不十分である。しかしそれでも事は立つのだ。慎重に進退を見極めて先王の教化の源を理解しているものこそが誠実なのだ。[12]

「消極」と題されたこの小文の中で、章炳麟は政治が日に日に悪くなる「消極」の世においては、主体的に何事かを為そうとしてもうまくいかないが、それでも何事かが為されるための礎は築かれる、そしてそのために必要なことは古の理想の政治を審らかに研究することであると述べる。ここでも「学隠」の趣旨が繰り返されている。弾圧と籠絡が堕落を招いたとする梁啓超とは異なり、章炳麟は、弾圧と籠絡の結果、「隠」なる抵抗が生まれ、それによって礼が保存されたと評価する。そして漢学はやがて、清朝打倒の民族革命を支える重厚な理論の基礎となっていく。章炳麟は豊かな学識で漢ナショナリズムのイデオローグとなり、孫文（1866-1925）とともに東京を拠点とする革命結社同盟会を支え、後に魯迅（1881-1936）によって「学問ある革命家」と称賛されることになる。東アジア最初の共和国としての中華民国（この国号は章炳麟が名付け親だと言われる）をもたらした思想の源流には「隠」の学問としての考証学が存在している。

　章炳麟において、「消極」と「積極」は月の満ち欠けのように繰り返される消長のプロセスのように感得されている。それは、時の勢いに応じて個人の節操をいかに保ち続けるかという問いに関わっている。中国哲学において、普遍的な法則や真理としての「理」は、時代の傾向性としての「勢」と常に一対の関係にある。明王朝の滅亡後、清朝の統治を嫌って隠棲した王夫之（1619-1692）は、この両者が「理勢」として合一すると説いた。「勢」を得た者はそれによって「理」を得ることにもなるというのである。逆に、正しいことであってもそれが正しいと理解され支持を獲得するためには「勢」をわがものとしなければならない。章炳麟の「学隠」とは、

「勢」を得ることのない弱者にとっての消極的な抵抗の思想である。

　思い出すのは、丸山眞男（1914-1996）の例だ。彼はその名著『日本政治思想史研究』が「超学問的動機」に支えられた著作であったことを後に吐露している。

　　明治維新の近代的側面、ひいては徳川社会における近代的要素の成熟に着目することは私だけでなく、およそファシズム的歴史学に対する強い抵抗感を意識した人々にといわば必死の拠点であったことも否定できぬ事実である。私が徳川思想史と取り組んだ一つのいわば超学問的動機もここにあったのであって、いかなる盤石のような体制もそれ自身に崩壊の内在的な必然性をもつことを徳川時代について——むろん思想史という限定された角度からではあるが——実証することは、当時の環境においてはそれ自体、大げさにいえば魂の救いであった。[13]（強調は原文）

ここには、もう一つの「学隠」のすがたを見ることができるだろう。戦時体制下の丸山にとって、徳川体制崩壊の内在的必然性を江戸思想史として明らかにすることは、やがて来たるべき現体制の崩壊に希望を託すために為しうるほぼ唯一の実践であり、このような思想史を書くことは「魂の救い」ですらあったのだという。

4　書くことと「文の共同体」

　自由に声を発することのできない状況において、書くことが「魂の救い」につながったと丸山は振り返っている。「魂」は、書く者と書かれたもののあいだに立ち上がるものかもしれない、とわたしは書いたが、丸山においてもそれは当てはまるだろう。そして、も

書く・隠れる　201

し『日本政治思想史研究』が戦時中に読まれる機会を得たとしたら、それを読んで丸山と同じく「救い」を得たと感じた人がいたにちがいない。書かれたものは読む者に想像力の源泉を与え、希望の種子がそのあいだにまかれる。「書」（書く行為と書かれたものの総体）は、つねに読者に開かれた動的プロセスだからだ（デリダなら「差延」と呼ぶのだろう）。書と読者との連鎖的な関係を、わたしは「文の共同体」とかねがね呼んでいる。「文」はもともと書かれた文字のことだが、それを媒介にして成り立つ文化や文明もまた端的に「文」と呼ばれることがある。「文の共同体」とは、一つひとつとしては弱い書の実践が読者を伴って交錯しながら希望を生む、文化の非－場所（特定の地理的場所を持たない場所）だ。

　ところで、高橋哲哉は、「忘却の穴」は存在するのか、という問いに関してアーレント自身に逡巡が見られると喝破している[14]。そして、高橋の述べるとおり、「忘却の穴」は存在すると言うほかない。史官は書くことにより世界を作ると武田泰淳は論じた。書かれたものが世界を構成するということは、書かれなかったものはそのまま「忘却の穴」に放たれるということでもある。だから、わたしたちの歴史は至るところに「忘却の穴」が穿たれている。その一つひとつを埋めて、穴に落ちこんだ事実をすべて復元することは、原理的に不可能である。「記憶しなければならない」という倫理の要請に勝ち目はない。

　ただし、「忘却の穴」には少なくとも二つの区分が必要だろう。一つは、書く者が知りえない事実に関すること、もう一つは、書く者が敢えて書かなかったこと。前者に関して、司馬遷の方法は明確だ。『史記』を文学として書くことがそれである。『史記』にはどう読んでもフィクションとしか思えないようなエピソードが散りばめられている。それは、ただ単に、文献的根拠も考古学的材料も存在しない太古の伝説やエビデンスのない伝聞までが素朴に歴史叙述の

中に入り込んでいるからというだけではない。武田泰淳がことさら挙げているのは、屈原（BC343-BC278）に関する伝である。楚国の政界を追われ失意に沈む屈原のようすを叙述するくだりは、『史記』の本文の中に、『楚辞』中の詩として有名な「漁父」が溶け込むように混入している。

> 屈原、江浜に至り、被髪して行くゆく沢畔に吟ず。顔色憔悴し、形容枯槁せり。漁父見て之に問うて曰く、「子、三閭大夫に非ずや。何の故に此に至れるや」と。屈原曰く、「世を挙げ混濁し、我独り清らかなり。衆人皆酔い、我独り醒めたり。是以て放たれり」と。漁父曰く、「夫れ聖人は、物に凝滞せずして能く世と推移す。世を挙げ混濁せば、何ぞ其の流れに随いて其の波を揚げざる。衆人皆酔わば、何ぞ其の糟を餔らいてその醨を啜らざる。何の故に瑾に懐き、瑜を握りて自ずから放たれしむを為すか」と。屈原曰く、「吾之を聞けり。新たに沐する者は必ず冠を弾き、新たに浴する者は必ず衣を振るう。人また誰か能く身の察察たるを以て、物の汶汶たるを受けんや。寧ろ常流に赴きて江魚の腹中に葬らるのみ。また安んぞ能く皓皓の白きを以て世俗の温蠖を蒙らんや」と。　　（『史記』屈原賈生列伝）

引用部分のほとんどは「漁父」中の句そのままである。『楚辞』が『史記』の語りに憑依しているかのようだ。川べりに至って憔悴しきった屈原のすがたを見た漁父の問いかけに対して、世の中全体が濁り人々はその中で酔っているのに自分だけがそうではないので放逐されたのだと屈原は述べる。漁父は時勢の流れに任せてしまえばよいのにと諭すが、屈原は清潔な者が汚れを払うのは当然であり、むしろ川に身を投げて魚に食われたほうがよいと答える。この部分のあと、『史記』は『楚辞』九章中の「懐沙賦」の引用へと移り、

屈原が汨羅(べきら)に身を投げる結末に向かって、ドラマチックなピークを駆け上っていく。武田はこれを評して、「文学と歴史のけじめがなく、芸術と現実のわけへだてがない、この「史記」の世界を、よろし、と考えたいのである」(15)と述べ、屈原の文学が歴史となり、同時に司馬遷の歴史もまた文学であったのだと断言する。武田にとって、文学とは歴史の表現であり、歴史叙述が実証的な事実に即しているかどうかということは大して重要ではなかった。それはつきつめて言えば、歴史とは「史」であり、書いて記録する行為そのものだったからである。翻って言えば、書くという行為は、歴史を作ることであり、『司馬遷』の思想に基づくならば、歴史を作るということは世界を構成することである。構成するのが世界である以上、それを事実だけで満たすのは不可能だ。

　だが、史が筆を執ることで世界を作るということは、その作為自体が「忘却の穴」を穿っていることでもある。したがって、わたしたちは、「史」が構成する世界が事実と虚構のない交ぜになった文学的なものであることを武田とともに「よろし」と考えつつも、そこで行なわれた穴を穿つ暴力に無関心でいることはできない。書いた者の心持ちが本当はどうだったのか、書かれたものが示す物事が本当はどうだったのか、それをすっかり知り尽くすことは原理的に不可能だ。そして、書く対象に選ばれぬまま「忘却の穴」に放り込まれた無数の物事には、決して瑣末だからそうなったのではなく、むしろ重要だったからこそそうなったと考えるべきものがあるのではないか。

　ことばが書きこまれるべき「魂」が立ち上がってくるあいだをすくい取るのは、「文の共同体」にほかならない。そこはまた、ある書に示された世界とは別の世界への入り口でもあるだろう。書かれていないものは何か、「忘却の穴」の底に積み重なっているもののすがたはどのようなものか、読者がそれを想像する手がかりは、書

かれたものの内にしかない。書かれたものに依拠しながら、わたしたちは書かれていないものへの手がかりを探るほかない。

　武田泰淳は、「支那文化に関する手紙」の末尾で、歴史叙述の方法について述べている。

　　今の私には方法論とは、秦の始皇様の焚書よりももっと広範囲な文化の破滅がいつの日にか行われた跡のその焼跡に立った時の個人の感情にすぎないような気がしてくるのです[16]。

「個人の感情」とはいったい何を指しているのだろうか。「焼跡に立った個人の感情」から書く者となった武田は、司馬遷に「生き恥」を仮託した。しかし、武田自身にとってなにが「生き恥」であったのかを明示的に記すことばはついに存在していない。それはきっと書くことができない心の澱として、彼の記憶の中にしまわれていたはずである。それをすくい上げることなしに、武田の「魂」は救われないだろう。暗黒の目をもって生まれてきたわたしたちが、書かれなかったことへの想像力をはたらかせながら光をさがす非－場所としての「文の共同体」。書に宿る「魂」が救われるのは、そこにおいてであるにちがいない。

註

（1）　プラトン『パイドロス』藤沢令夫訳、岩波書店、1967 年、166 ページ。
（2）　同上、174 ページ。
（3）　武田泰淳「支那文化に関する手紙」『武田泰淳全集　第十一巻』筑摩書房、1971 年、241 ページ。
（4）　同上、242 ページ。

(5) 同上、242-243 ページ。

(6) 武田泰淳「司馬遷」『武田泰淳全集 第十一巻』筑摩書房、1971 年、5 ページ。

(7) 同上、5 ページ。

(8) 同上、15 ページ。

(9) 岡本さえ『清代禁書の研究』東京大学出版会、1996 年、18 ページ。

(10) 梁啓超『新民説』高嶋航訳、平凡社、2014 年、384 ページ。訳文は一部改めた。

(11) 章炳麟「訄書 重訂本」『章太炎全集 「訄書」初刻本 「訄書」重訂本 検論』上海人民出版社、2014 年、160-161 ページ。

(12) 同上、314 ページ。

(13) 丸山眞男『日本政治思想史研究』東京大学出版会、1952 年、「あとがき」8 ページ。

(14) 高橋哲哉『記憶のエチカ――戦争・哲学・アウシュヴィッツ』岩波書店、1995 年、14 ページ。

(15) 前掲武田泰淳「司馬遷」95 ページ。

(16) 前掲武田泰淳「支那文化に関する手紙」243 ページ。

◆ 基本文献案内

　本文で紹介した武田泰淳の「支那文化に関する手紙」は、焼失した書物の廃墟からの文化構想を示した作品だ。のちに上海で終戦を迎えた彼が著した「滅亡について」で描かれる世界観と重ねながら読むとよいだろう。いずれも**武田泰淳『滅亡について　他三十篇』**（岩波書店、1992年）に収録されている。『司馬遷』は太平洋戦争まっただ中の1943年に書かれた作品だが、戦後も今日に至るまで読みやすいかたちで繰り返し出版されている。比較的最近の文庫版としては、**武田泰淳『司馬遷――史記の世界』**（講談社、1997年）がある。そこに描かれる世界観は壮大なスケールをもっており、何度読んでも飽くことがない傑作だ。司馬遷と『史記』に関して理解するための入門としては、**大木康『『史記』と『漢書』――中国文化のバロメーター』**（岩波書店、2008年）がよいだろう。

　一方で、わたしたちは、武田自らが、望んでいたわけではないにせよ、廃墟を生み出した邪悪な力の加担者であったことに目を向けないわけにはいかないだろう。武田が中国にいたのと同じ時に、日本占領下の上海で、「自発的に」書物を焼く選択を余儀なくされた人々の生活を描いた**鄭振鐸『書物を焼くの記――日本占領下の上海知識人』**（安藤彦太郎・斎藤秋男訳、岩波書店、1954年）は、淡々とした筆致だが、武田のともすれば感傷的ともとれる批評を拒絶するような占領支配の厳しい現実が綴られている。

　「学隠」という概念を提出した章炳麟にとって、書くこととは真理を仮託することでもあった。書かれたもの自体は真理ではないと知りつつ、しかも書かれたものに依拠する＝「隠れる」ことが彼にとっての文という実践だった。**拙著『戴震と中国近代哲学――漢学から哲学へ』**（知泉書館、2014年）では、そのような章炳麟のユニークな文論を論じてみた。「文の共同体」に関しては、**拙著「「同ぜず」のために――たたかう孔子と文の共同態」**（『現代思想』2014年

3月号、青土社）でも触れたので、参照していただければ幸いである。

　梁啓超は章と対照的に清代考証学の道徳的頽廃を批判したのだったが、後になると主張を改めて清代考証学こそ中国のルネサンスであったとの主張を展開する。**梁啓超『清代学術概論――中国のルネッサンス』**（小野和子訳、平凡社、1974年）は、清代考証学の全容を知るための必読書としていまでも最もすぐれている。

　今日の社会に漂う書かれたことばの無力感は、1990年代ごろから顕著になった歴史修正主義の台頭あたりに淵源しているだろう。**高橋哲哉『歴史／修正主義』**（岩波書店、2001年）は、修正主義とたたかう論争的なスタイルの書物である。それは、正義を希求する方法としての脱構築の解説でもあり手本でもある。また、拙稿は同じ著者による**『記憶のエチカ』**（岩波書店、1995年）を脇に置きながら書かれたものである。とりわけその第1章「記憶されえぬもの、語りえぬもの」において、アウシュヴィッツを経た「証言の歴史的危機」の時代にこそ、「語りえぬものをそれでもやはり語ることが重要なのだ」とする著者の主張は、そのまま『歴史／修正主義』での論争につながっている。

あとがき

　本書は東京大学教養学部で2014年冬学期に行なわれたオムニバスのテーマ講義「グローバル化時代の現代思想——東アジアから」を担当した教員たちが講義内容をもう一度整理して書き直したものです。いまから5年前のそのシラバスには次のように書かれていました。

> 2011年の東日本大震災ならびに原子力発電所の事故は、日本の政治・経済・社会に多大な影響を与えました。災害は偶発的に生じたものでしょう。しかし、近代を通じて形成されてきた人類の文化・思想の深い次元に関わる大きな時代の変化の波の中で出現したという意味では、それはいつか訪れる必然であったのかもしれません。わたしたちは、震災後を生き、グローバルな環境の変革の中で生きていく人間と、それを取りまく社会の導き手となり得るような人間モデル・社会モデルについて、もういちど根本的なところから問いなおすべき岐路に立たされていると言っても過言ではないでしょう。

　さて、その後「3.11」の傷は癒えたのでしょうか？　被災地の「心の復興」に取り組む専門家の方々から、PTSDについて聞かせてもらう機会がありました。「Post-Traumatic Stress Disorder」（心的外傷後ストレス障害）という疾患についてはよく知られています。トラウマ自体は生きていく以上誰もが負うべき「傷」で、それ自体が害悪なのではなく、むしろそれは人の成長を助ける側面すら有して

いるそうです。問題はしたがって、トラウマをきちんと処理できたかどうかで、例えば、いやな思い出をむりやりがまんして圧し殺すことによって心身にストレスがかかると病的な症状が出ます。これはおそろしいもので、場合によっては、その人の意識下にずっと眠っていたストレスが、人生の晩年になって突然、さまざまな症状を引き起こすこともあるということです（晩発性PTSD）。トラウマをきちんと処理するというのは、別の言い方をすると「体験をストーリー化する」とでも言うべきもので、それによってPTSDは克服されていきます。だから、トラウマとなった体験を圧し殺すのではなく、なんらかのかたちで言語化してみる、つまり、「ことばを紡ぐ」ことが大切だというのです。

　さて、商店の棚から物が消え、計画停電が行なわれ、「マイクロシーベルト」や「ベクレル」の数値に敏感になり、節電で公共の場所の灯りが前より暗くなった日々は、このテーマ講義のころまでにはもう東京では終わっていました。もどってきた「日常」の中で、わたしは日本最大の国立大学という巨大な組織の構成員として、与えられた業務を忙しくこなしていました。業務を離れれば、家族の成長を支え、見守り、そして、流れてくるニュースに腹を立てたり喜んだりを繰り返していました。しかし、それは「震災の傷」が癒えたことを意味しているのでしょうか？　それとも、向き合うべきトラウマにきちんと向き合うことなく、それを忘れたかのように日常の忙しさに身をまかせているだけなのでしょうか。これは、わたしだけの個人的な問いではなく、もしかすると、「3.11」を経験したこの社会に生きる多くの人々に共通した問いであるのかもしれません。まして、住処を失った人々にとって、「傷」がまだ現在進行中であることは言うまでもないことでしょう。

　中島さんの「はじめに」にあるように、本書の執筆に関わったのは、「グローバル化時代における現代思想——概念マップの再構築」

という共同研究の参加者たちです。2012年秋にスタートしたこのプロジェクトは、まさに「3.11」の衝撃冷めやらぬ時機に企画されたものです。そこでわたしたちは、「人間を取りもどす」ことを願っていました。「現場」を訪ねることで思想の身体感覚をもう一度とぎすますことが不可欠だと感じ、それによってこそ、「人」をトータルに問う哲学が取りもどせると考えたのです。「ことばを紡ぐための哲学」はこうして出発しました。

しかし、その結果、わたし（たち）自身がどう変わったのだろうか、そう問うてみると、心許ない気持ちばかりが募ります。まるで地震も津波も原発事故もなかったかのように東京の日常は続き、その片隅で「グローバル化」とその副作用（テロリズムの続発、排外的ポピュリズムの世界的隆盛、etc.）を半ば他人事のように眺めながら論じる——。いつのまにかわたしは、「現場を訪ねる」ことで身体感覚を研ぎ澄ますのとは逆に、「現場」から隔たってあることの意味を考えるようになりました。大学という奇妙な場所に棲息すること自体の意味とはなんでしょうか。二つに分けて収録されている座談会は、そんなことが話し合われています。それは経験したことのない災害の発生を一つのきっかけとして始まった研究プロジェクトが終了したあと約4年という「遅れ」のなかで行なわれた対話でした（繰り返しますが、その災害はまだ終息してはいません）。

ことばは感覚よりも少し遅れてやってくるものではないでしょうか。というより、「ストーリー化する」ことに、この時間のずれは不可欠なものでしょう。その意味で、2014年という具体的な時間によって規定されていた心と身体から生み出されたことばをこうしてまた拾い上げるまでに費やされた時間は、身体が哲学に昇華するために不可欠な要素だったのかもしれません。しかし、本書の完成はその緒に就いたこと以上のことを示すものではありません。中島さんは「哲学する」というふうに、哲学自体を動詞的な、過程にあ

る運動としてとらえようとしています。そして、その運動は一人の中で完結するのではなく、人々に連鎖していくものであるはずです。「ことばを紡ぐ」というタイトルが示しているのは、「現場」との往還の中で、複数の人々と共に、ことばによる希望をつなぐことにほかなりません。「哲学する」こととは「希望する」ことでありたいとわたしはつねづね思っています。

　テーマ講義には、本書の執筆者以外にも、小林康夫さん（東京大学名誉教授）、齋藤希史さん（東京大学）、林永強さん（獨協大学）が登壇しました。科研費メンバーにはほかに、柿並良佑さん（山形大学）、馬場智一さん（長野県立大学）、新居洋子さん（日本学術振興会特別研究員）が参加していました。みなUTCP（東京大学共生のための哲学研究センター）に集う、哲学する仲間たちです。皆さんのご協力に感謝します。また、テーマ講義の記録はPDF冊子になって、EALAI（東京大学東アジアリベラルアーツイニシアティブ）のウェブサイトに掲載されています。本書とは異なった臨場感が現れているかと思いますのでご覧ください。(http://ealai-archive.sakura.ne.jp/toudai_ealai/wp-content/uploads/2018/03/2014_winter_report.pdf)

　最後に、本書の完成には、白水社の竹園公一朗さんが栗本麻央さんと強力なタッグを組んで、並々ならぬ情熱を傾けてくださいました。「遅れ」を取りもどすためには大きなエネルギーが要ります。竹園さんたちの叱咤激励こそがその源でした。わたしたち執筆者のばらばらのことばが一つのまとまりのあるテクストに紡がれることができたのは竹園さんと栗本さんのおかげです。この場を借りて御礼を申し上げます。

2019年2月25日
石井剛

略　歴

中島隆博（なかじま・たかひろ）
1964年生まれ。東京大学大学院人文科学研究科博士課程中退。現在、東京大学東洋文化研究所教授。主な著書に『共生のプラクシス』（東京大学出版会、和辻哲郎文化賞受賞）、『悪の哲学』（筑摩書房）、『思想としての言語』（岩波書店）、『日本を解き放つ』（共著、東京大学出版会）他。

石井剛（いしい・つよし）
1968年生まれ。東京大学大学院人文社会系研究科博士課程修了。現在、東京大学大学院総合文化研究科教授。主な著書に『斉物的哲学：章太炎与中国現代思想的東亜経験』（華東師範大学出版社）、『戴震と中国近代哲学』（知泉書館）、『分断された時代を生きる』（共著、白水社）他。

梶谷真司（かじたに・しんじ）
1966年生まれ。京都大学大学院人間・環境学研究科博士後期課程修了。博士（人間・環境学）。現在、東京大学大学院総合文化研究科教授。主な著書に『考えるとはどういうことか』（幻冬舎新書）、『シュミッツ現象学の根本問題』（京都大学学術出版会）他。

清水晶子（しみず・あきこ）
1970年生まれ。東京大学大学院人文科学研究科英語英米文学博士課程単位取得退学。ウェールズ大学カーディフ校批評文化理論センターでPh.D. (Critical and Cultural Theory) 取得。現在、東京大学大学院総合文化研究科教授。主な著書に *Lying Bodies: Survival and Subversion in the Field of Vision* (Peter Lang Publishing)、主な訳書にバトラー『戦争の枠組』（筑摩書房）他。

原和之（はら・かずゆき）
1967年生まれ。パリ第四（パリ＝ソルボンヌ）大学博士課程修了。博士（哲学）。現在、東京大学大学院総合文化研究科教授。著書に *Amour et savoir: études lacaniennes* (Collection UTCP)、『ラカン　哲学空間のエクソダス』（講談社選書メチエ）、共訳書にフーコー『主体の解釈学』（筑摩書房）、ラカン『無意識の形成物』（全2巻・岩波書店）、ウリ『精神医学と制度精神療法』（春秋社）他。

石原孝二（いしはら・こうじ）
1967年生まれ。東京大学大学院人文社会系研究科博士課程修了。博士（文学）。現在、東京大学大学院総合文化研究科准教授。主な著書に『精神障害を哲学する』（東京大学出版会）、『精神医学と当事者』（共編著、東京大学出版会）、『当事者研究の研究』（編著、医学書院）他。

星野太（ほしの・ふとし）
1983年生まれ。東京大学大学院総合文化研究科博士課程修了。博士（学術）。現在、金沢美術工芸大学講師。主な著書に『崇高の修辞学』（月曜社）、『コンテンポラリー・アート・セオリー』（共著、イオスアートブックス）、主な訳書にカンタン・メイヤスー『有限性の後で』（共訳、人文書院）他。

村松真理子（むらまつ・まりこ）
1963年生まれ。東京大学大学院人文科学研究科博士課程修了。博士（文学）。ボローニャ大学大学院博士課程修了。Ph.D. 現在、東京大学大学院総合文化研究科教授。主な著書に *Il buon suddito del Mikado: D'Annunzio japonisanto*（Archito）、『謎と暗号で読み解くダンテ『神曲』』（KADOKAWA）、『ダンヌンツィオに夢中だった頃――生誕150周年記念展（東京・京都 2013-14）と研究の最前線』（編著、イタリア地中海研究叢書）、主な訳書にアンナ・マリア・オルテーゼ『悲しみの鶸』、アントニオ・タブッキ『イタリア広場』（以上、白水社）他。

ことばを紡ぐための哲学
東大駒場・現代思想講義

2019年4月15日　印刷
2019年5月10日　発行

編著者 ©　中　島　隆　博
　　　　　石　井　　　剛
発行者　　及　川　直　志
印刷所　　株式会社三陽社

発行所
101-0052東京都千代田区神田小川町3の24
電話 03-3291-7811（営業部）, 7821（編集部）
www.hakusuisha.co.jp
乱丁・落丁本は、送料小社負担にてお取り替えいたします。

株式会社白水社

振替 00190-5-33228　　Printed in Japan　　加瀬製本

ISBN978-4-560-09673-4

▷本書のスキャン、デジタル化等の無断複製は著作権法上での例外を
除き禁じられています。本書を代行業者等の第三者に依頼してスキャ
ンやデジタル化することはたとえ個人や家庭内での利用であっても著
作権法上認められていません。

言葉から社会を考える
この時代に〈他者〉とどう向き合うか

東京外国語大学言語文化学部 編

移民が溢れテロが頻発する時代に〈他者〉とどう向き合うか。27言語の視点から見た〈多様性〉とは？学長ほかによる座談会も収録。

知のフィールドガイド　　東京大学教養学部 編

東京大学教養学部が一般向けに開講する「高校生のための金曜特別講座」を書籍化。豪華執筆陣による最先端の講義から、いま必要な〈知〉の領域を考える。

分断された時代を生きる
ホメロスから現代アートまで、人文科学の講義を収録。

科学の最前線を歩く
ＤＮＡからニュートリノまで、自然科学の講義を収録。カラー図版多数。

日本の夜の公共圏　スナック研究序説

谷口功一、スナック研究会 編著

「スナック」についての本邦初の学術的研究。都築響一、苅部直、谷口功一各氏による座談会も収録。

社会のなかのコモンズ　公共性を超えて

待鳥聡史、宇野重規 編著

1990年代流行った「公共性」論を振り返り、2020年代以降における「公私」概念を〈コモンズ〉から展望した実験的論集。

フランス革命と明治維新

三浦信孝、福井憲彦 編著

革命とは何か？　日仏の世界的権威がフランス革命と明治維新の新たな見方を示し、これからの革命のあり方を展望する。